全国小学生校园美文精品集萃丛书

夏天里，我种下草莓

《语文报》编写组 编

时代文艺出版社

图书在版编目（CIP）数据

夏天里，我种下草莓 /《语文报》编写组编 . —长春：时代文艺出版社，2018.8（2023.6重印）
（"七色阳光小少年"全国小学生校园美文精品集萃丛书）

ISBN 978-7-5387-5842-9

Ⅰ.①夏… Ⅱ.①语… Ⅲ.①作文－小学－选集 Ⅳ.①H194.4

中国版本图书馆CIP数据核字（2018）第110024号

出 品 人　陈　琛

产品总监　郭力家

责任编辑　王　峰

装帧设计　孙　利

排版制作　隋淑凤

夏天里，我种下草莓

《语文报》编写组 编

出版发行 / 时代文艺出版社

地址 / 长春市福祉大路5788号　龙腾国际大厦A座15层　邮编 / 130118

总编办 / 0431-81629751　发行部 / 0431-81629758

官方微博 / weibo.com / tlapress

印刷 / 北京一鑫印务有限责任公司

开本 / 700mm×980mm　1 / 16　字数 / 153千字　印张 / 11

版次 / 2018年8月第1版　印次 / 2023年6月第5次印刷　定价 / 34.80元

编 委 会

目　录

我不只是一个角色

001

左耳里住着个阿凡提

我发现了那扇窗

有风雨真好

003

最甜美的声音

我不只是一个角色

　　我们每个人生活在这世上，不仅仅只是一个角色，我们每个人都是主角，世界的美好是由我们大家共同努力而来的。

　　我不只是一个角色，更不是无足轻重的配角，我们都是主角！

喜爱紫色幻想的我

丁 舟

　　我，是一个喜爱紫色的女孩儿。不知何时何地爱上紫色，只觉得紫色带给我的不只是视觉上的震撼，更多的是弥补心灵上的空缺。

　　紫色，是红色与蓝色合成的颜色。红色热烈，蓝色平静，两种完全不同的感觉就这样融合，成了幽幻的紫色。

　　我爱深深的紫色，因为它的深沉。每当我看深紫，我就舍不得将视线移到别处；看到紫色，我就想一个人安静地坐在角落里去想象，去思考，去思索：那些埋藏在我内心深处的对世俗的疑问。

　　有时候，深紫又太过于悲观，所以，对于奔放的玫瑰紫，我也是宠爱有加。

　　玫瑰紫，顾名思义，就是紫红玫瑰的颜色，它使我每天都热情高涨；它使我对未来人生有着无比美好的憧憬与向往。它与深紫不同，它带给我的热烈使我兴奋，使我体内每一滴血都为之沸腾。

　　但我最喜爱的还是素净雅致的淡淡紫色。淡紫色给人梦幻一般的感觉，使我频频想到我梦中那个世外桃源：一个小木屋，一条忠实的狗陪着，窗前种几棵丁香，屋前空地种大片薰衣草，自己种些农作物吃，每天自娱自乐，研究种花的方法，好不快乐。

　　当然，我如此喜爱紫色是有原因的。因为我是女孩儿，而爷爷

奶奶有着非常古板、封建的思想：他们想要男孩儿，而我，满足不了他们骄傲的愿望。我早已不记得童年是怎么过来的，或许是从那双呆滞、无神的眼里流逝过来的吧。因此，我学会了用想象来充实我的童年时光。而紫色，是最适合我，可以让我放飞思绪，任意去想象，去变幻的颜色，仿佛是我的知音来到了我的身边。所以，我爱上了紫色，为它的淡雅，它的热情，它的深沉，以及它带给我的美好向往。

紫色，我一生都不会忘记的颜色，它代表了那迂腐的思想对我的沉重打击。也许现在他们对我的看法好了许多，甚至很喜欢我，可是又有谁知道，在这过程之中，我付出了多少努力呢？

只有那梦幻般的紫，才能给我美好想象，给我心灵上的慰藉。

假如我是一个橙子

沈雯昕

我是一个橙子，一个经过重重选拔、最终出现在超市货架上的橙子。我有一个使命，一个平凡却又光荣的使命——被人类吃掉。

由于我天生丽质，所以还没等我在货架上喘口气，便被一个"妈妈级"的人物买走了。我和我的几个同伴被装在袋子里，跟着我们的新主人回了家。我本以为她会把我们一个个整整齐齐地放在果盘里，谁知，她只是把我们往桌子上一扔，就头也不回地走开了。我被她这样一扔，全身多处粉碎性骨折，那叫一个疼啊。不过反正我剩下的时间也不多了，这点小伤对于我来说不算什么。

我和我的小伙伴们在这个完全密封的狭小空间里待了近一整天，就在我快因缺氧而奄奄一息的时候，我的救星——一个十来岁的小女孩儿把我从袋子里取出来，一眨眼的工夫就把我塞到了一个很黑但又有许多书的地方，我愣了半天才反应过来，原来我被装进了书包里。我把耳朵竖起来，仔细地听着外面的动静，根据声音判断，我现在应该是在她上学的路上。天哪！我一个橙子居然也能去上学？太不可思议了！我一定要好好看看学校到底是什么样！美好的幻想和汽车的颠簸让我不知不觉进入了梦乡……

不知过了多久，我被一束强烈的光线刺醒了，蒙眬中，我再一次看见了那个小女孩儿，她小心翼翼地把我放在课桌上，自己则在安静地写作业。五分钟后，一个戴着眼镜、胖乎乎的小男孩儿走了过来，他大概是那个小女孩儿的同桌。小男孩儿把我拿起来，说："嘿！你吃吗？不吃给我了啊！"小女孩儿很大方地同意了。但我心中却又无数个不愿意，那小男孩儿不怀好意的眼神实在是太可怕了。果然，我被他当成了篮球，他把我带到篮球场上，看样子是想玩投篮。不过他的技术实在是太烂了，他一个动作把我笔直地扔上天。我尖叫着，想象着一会儿摔成橘子汁的场面。可是我没有往下坠，反而越"飞"越高。只见陆地上的物体越来越小，我甚至看见了传说中的大海。我如同火箭升空一样脱离了大气层，开始绕着地球飞行。

是的，我成功进入太空，成了一颗卫星，不分昼夜地绕着地球转啊转，之前那个光荣的使命估计是无法实现了。但是，我创造了一个奇迹，为我们橙子家族夺得了一个巨大的荣誉，我这一生，值了！

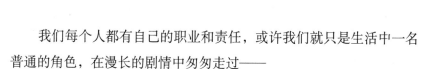

我不只是一个角色

李　文

　　我们每个人都有自己的职业和责任，或许我们就只是生活中一名普通的角色，在漫长的剧情中匆匆走过——

　　我经常认为，在我们出生之时，我们的命运便已规划完整，我们现在所做的一切只是实现规划之中的事，一切的努力皆是徒劳无功的。

　　那一次的经历使我改变了看法。

　　那是一次学校运动会的长绳比赛，我被选为甩绳的，当时的我满不在乎！认为甩绳有什么困难，很简单，便没有当回事！到了比赛的时候，每个班都上去了，"各就各位，开始！"我懒散地甩着长绳，左顾右盼的，寻找着一切有趣的东西，可没有找到。

　　因为无聊，我只得把目光投向班级，男生女生的脸上洋溢着笑容，似乎陶醉在游戏的乐趣之中；但他们的眼神却带着一丝丝的紧张与严肃，他们似乎是想要为班级争光而不断努力着，豆大的汗珠从他们的头上滴下，他们却无暇顾及，每个人都是打起了十二分精神，不敢有一丝怠慢。整个队伍行云流水，没有一丝停顿；再看一看别的班级，同学懒散地跳，很随意，完全不重视。毫无疑问，我们班肯定是第一。但们班的同学非但没有放松，反而更认真；这一点不禁让我很

005

郁闷，只见同学们越来越快，像一条龙不断摇摆，又好似在做最后的冲刺。很快，时间到了，我们班果然拿了第一。

这一幕震撼着我的心灵，心灵的"冰山"第一次有了崩点。

是的，只有不断努力过，才能有结果，或许它的结果依旧不变，但至少我们努力过；如果我们不努力，就不会有成功。

我相信只要有坚强的意志和不懈奋斗的精神，就一定会发生奇迹。人不该将命运交到天的手里，人不该"听天由命"，如果真要听天，即便是捅破了天又如何！

我们每个人生活在这世上，不仅仅只是一个角色，我们每个人都是主角，世界的美好是由我们大家共同努力而来的。

我不只是一个角色，更不是无足轻重的配角，我们都是主角！

006

越长大，越想玩

赵泽文

春风拂过淡淡的清香，我在生命的长河，寻觅儿时的芬芳。

——题记

并不是我贪玩懒惰，也不是我童心未泯，不过，越长大，却又真的越想玩。

我想玩，玩"老鹰捉小鸡"，体验儿时团结的力量。我想玩，玩

"丢手绢"，领悟年少的天真无邪。我想玩，玩"过家家"，感受幼年当家的自豪。我想玩……

时光荏苒，回不去的童年时光，变成了我最美好的回忆。我沿着生命的长河，寻觅！再寻觅！

看，那些顽皮的身影，不正是在玩"老鹰捉小鸡"吗？为了不让"老鹰"捉到，还发明了一种"蹲着走"的玩法。因为，在这个游戏中：站着的小鸡，就可能被老鹰抓，蹲着就安全了，但又不能长时间蹲着不走。但如果蹲着走，"老鹰"也就没办法了。就这样，看着"老鹰"抓耳挠腮的样子，哈哈大笑起来。

瞧，那些孩子正专心致志地干什么呢？哦，是在玩"过家家"。什么青菜、绿叶、花瓣和水，混在一起，便是一大锅汤，他们还根据所采植物的颜色和样子说："这是红烧肉，这是烤香肠。"听着便垂涎欲滴了。他们玩得多么投入，多么认真……

还有围一个圈玩丢手绢的，他们尽情地唱着歌。那一串串稚嫩的声音混着各种花的香，在空气中飘扬，回荡……

这一切一切美好的童年时光，伴随着青春的脚步，渐渐离我们远去。紧接着的，是学习沉重的负担、长大要负的责任，以及社会的压力。冥冥之中，我们习惯了这样的生活，习惯了用成熟的头脑去思考这样的人和这样的事，也习惯了没有童趣的生命。

记得，听某人说过：有些东西只有失去了，才懂得珍惜。谁又何尝不是呢？当初，我就是因为厌恶了疯玩时的样子，觉得那样太幼稚，才逐渐长大的。现在，却又想回到那个爱玩的时代。虽然那时的我懵懂，却不含坏心。虽然那时的我无知，却充满好奇。的确，越长大，越想玩，越想重新拾回童年的那份美好和天真……

我眼中的快乐

孙璐瑶

　　童年，是熹微的晨光，是夜晚的小星，是垄上的幼芽，七彩的童年生活中飘荡着无数欢声笑语。

　　那是一个夏天的中午，知了不知疲倦地在枝头唱歌，凉风徐徐地吹过，空气中似乎飘荡着浓浓的酒香。爷爷独自坐在葡萄架下的小圆桌边，津津有味地品尝着自家酿的米酒。他往高脚杯里倒酒时，酒似乎趁着爷爷不注意害羞似的沿着杯壁往外溢，有所察觉的爷爷不顾卫生，弯下腰，把嘴贴在桌上，"吱"一声，把桌上的酒吸进了肚子里。还咂着嘴美滋滋地说道："好香的酒啊！"

　　屋里的我站在小桌边，注视着爷爷的一举一动，看着他喝酒的样子，我想米酒一定比牛奶更香，比汉堡包更好吃。我曾问过爷爷："米酒是什么味儿的呀？好喝吗？"他笑着回答道："那还用说呀！酒是天河的水。喝了长智慧，古代有个大诗人李白，喝一斗酒，就能做一百首诗呢……"这酒太神奇了，我真想尝尝！

　　爷爷站起身来，进厨房端下酒菜去。我趁机一个箭步冲到院中小圆桌旁，一仰脖，把一杯酒灌下肚，竟一点儿也尝不出爷爷说的味道。这时，爷爷端着一盘糖拌西红柿出来了，他捏了一块放进嘴里，端起酒杯，发现杯中空空，便拍了一下自己的后脑勺儿说："自己喝光了，还不知道，真糊涂！"我听了，在一旁窃窃地笑，这种感觉使我更加得意起来。

爷爷又慢慢地倒了一杯，喝了一口，进了厨房。强烈的好奇心驱使我再次跑到桌边，我捏了一块甜滋滋的西红柿，放进嘴里，顾不得细嚼，像鸭子吃田螺似的吞下肚，接着端起一杯酒，一仰脖，又把酒喝个精光。这回感觉米酒甜甜的、香香的。于是，我抵不住诱惑，又倒了一杯喝。没想到酒的味道如此美妙，我一时沉醉在其中。这一会儿，我没忘把酒杯倒满酒，然后跑到小桌边。正在我得意的时候，突然我觉得肚子里像火焰一般，直燎到喉咙口，身子飘飘悠悠，仿佛如神仙般在云雾中游荡……

爷爷从厨房里走出来，只听见他"嘿嘿"一笑。"好家伙，竟敢偷喝我的酒。没有好酒量，不醉才怪呢！"

我醉了以后仿佛感觉身体飘了起来，只觉得眼前一颗颗星星在围着我转……

009

这虽是童年生活的一支小插曲，可至今回味起来其乐无穷，而这种"乐"正是我眼中的快乐：平凡、朴素，源于生活、源于我们身边的每一件小事。

一只蛾子带来的惊喜

曹静怡

自习课上，班里同学们的作业几乎全写完了，许多人无所事事，早想找点乐子，但都慑于老班陈老师的"淫威"，不敢轻举妄动。就在同学们一个个哈欠连天时，教室后排突然一阵骚动。

"天啊，这么恶心——"

"哪儿来的死东西！"

后排同学叫嚷着。这种嘈杂声如同兴奋剂一般，让处于半睡眠状态的我们浑身一个激灵，齐刷刷地向后看去。只见一个灰褐色的东西从我头顶急速飞过，再一看，竟然是一只橡皮那么大的花蛾子！看来它就是引起这场骚动的"元凶"。

这花翅膀的小东西稀里糊涂地在教室里绕了一圈，所及之处，同学们叫的叫，躲的躲，尖叫声四起。有几个男生站起来对着蛾子噼噼啪啪瞎拍一气，黄禹诚竟然抱着书包躲到了讲台上，哭丧着脸大喊："妈呀，我可是最怕蛾子的啊！"

正当大家乱成一团时，那花蛾子竟然神不知鬼不觉地消失了。

大家四处寻找，一声尖叫声如炸雷般从天而降，大家不约而同地向第四组江洋的座位望去。只见那花蛾子正趴在江洋座位上方的墙壁上小憩。而江洋呢，已经是吓得魂不附体，把外套盖在头上哆嗦着，第四组的女生全都站在原地不知所措。其他三组的同学则纷纷下位跑来看戏，就连"陈总监"也跑来凑热闹。

这种"危难"关头，往往是英雄救美的高发阶段。这不，一代江湖好汉翁力扛着扫把雄赳赳、气昂昂地来了，照着墙上的那蛾子"啪"地一扫帚下去，那蛾子便笔直地坠到江洋的座位上。刹那间，尖叫声四起。江洋和周围的女同学纷纷跳离座位，翁力这下遭到女生的一阵鄙视……

"啊——"又一声大叫。同学们条件反射地朝天花板望去，却又看见了那灰色的身影！这大难不死的蛾子再度冲天飞起，看来已是义愤填膺，在教室里飞了N圈后，停在了挂在天花板上的投影仪上，"叫你们打我，现在看你怎么打！"。

男生们果然打不到了，只能盲目地往上面扫，但也生怕一用力打坏了投影仪。这时，王峥寅不知从哪儿变出一瓶杀虫剂，还煞有介事地喊："蛾子呢，蛾子呢？我来喷它了！"然而，任同学们怎么打，怎么喷，也毫无动静——原来谁也没有发现，那蛾子早已悄悄地飞走了。

捶胸顿足之际，陈老师突然大驾光临，大家只好手忙脚乱地回到座位上，这场闹剧就悄悄结束在老师的训话中喽。

斗　鸡

杨思逸

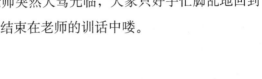

夏天总是爱哼着小调，时而是朗朗上口的文艺小清新，时而是慵懒休闲的慢摇，时而是节奏感爆棚的饶舌说唱，时而是思维跳跃的无厘头电子乐……不错的，"趣"在于乡村生活是抒情民谣，而我唱的是"一阵吼叫"。

所谓"乡村"，还不如说是童年的回忆。那一次我记得最清楚，比那一只黄碟的翅膀还飘逸美好。

那只因为一点儿小事就闹腾起来的母鸡，真该与树上那鸣蝉凑成一对儿，"叽叽喳喳"在催人忙东忙西。望着那翘着高高翅膀的母鸡，我就想把它的毛拔了煮汤，叫她那么趾高气扬，要不掏个鸡蛋也不错。我不由得盯着那鸡窝，嘴角扬了一扬。

我一路"杀"去了鸡窝，明目张胆地冲进了"敌军部队"，那些小鸡吓得蹦着躲进鸡妈妈的翅膀后，几只看起来雄赳赳、气昂昂的公鸡也散了队伍，扯着嗓子，好像还不服气；母鸡各个提着喉咙，"咯咯喔"地叫着，一只羽毛油亮的公鸡好似京剧里的老生，踮起了爪子，瞪着一对鸡眼，张开那厚厚的翅膀，径直朝我逼来。我可谓是"临危不乱"，一蹦一跳地躲开了"地雷"，那公鸡一个飞跃，冲到我的脚下，我惊得连忙收脚，可那公鸡死死地守在所谓的"前线"，我迫不得已地不断后退，只是我这不听使唤的右脚以瞬间难以计量的秒速向那只"榆木鸡"身上迈上去。终于它明白了什么，以每秒数十公里的速度前进，可是终究被我踩下了几根"尾翼"，嘻嘻，瞧那只公鸡，现在哪来的气势了？活脱脱一个丢了裤衩却来不及捂屁股的小男孩儿！

现在真是解气了，我大摇大摆地走进那小巢，刚想捧起一堆鸡蛋，不料背后突然寒气逼人，像是来了个梅超风，不，是一群梅超风，都在我身后"张牙舞爪"，我吓得一个哆嗦，"砰"，碎了一个鸡蛋，我管不了那么多，抱着剩下几个鸡蛋撒腿就跑，脚下游走着凌空微步。回头望去，那几个"碎嘴婆"在朝着我的方向切切察察。

我很希望再回老家时会传来鸡啼，可惜那儿拆了，那只被我踩了毛的公鸡也许早已被人吃了吧，也许正哼着属于自己的小调，去闯江湖了呢……

家之变奏曲

刘雨欣

"家",一个多么温馨的字眼儿。它不仅意味着一幢房子、几个人,更意味着幸福、和睦、天伦之乐……

变 奏 一

饭桌上,一条草鲫鱼在乳白色的汤汁中静静地躺着,碧绿的葱、白嫩的金针菇众星捧月般地簇拥着它,让人垂涎欲滴。我小心翼翼地夹下一块鱼肚子上的肉,递进父亲的碗里:"爸,您工作辛苦了,吃块鱼吧。"爸爸的脸上变幻着欣慰与感动,但他没有享用,而是轻轻地夹起来,送进妈妈的碗里,说:"你妈妈身体不好,又要天天做家务,为家里操持大事小事,这块鱼理应是她吃。"妈妈向爸爸投去了温柔的眼神,幸福地笑了笑,又面向我说,"孩子,你正是长身体的时候,多吃点儿有营养的有利于长个子,更别说你就是我们家的一宝,好的东西不给你给谁呢?"妈妈用手指顺势理了理我的头发,语气中透露着浓浓的母爱。我还想再让,而爸爸和妈妈都用眼神阻止了我。盛情难却,我湿润了眼,细细品尝起这胜过山珍海味的温情的爱味道。

变 奏 二

"哎呀！"厨房里传来妈妈的尖叫，"怎么了，怎么了啊！"我和爸爸闻声而至，焦急地问道。原来妈妈在削黄瓜时，不小心削了手，涓涓的鲜血正在往外渗。望着红红的鲜血，我努力克制住反胃的冲动，关心地问道："妈，你需要什么东西包扎一下的话，你告诉我在哪儿，我马上找。"爸爸神情焦灼，先用棉签按着伤口，减少失血，然后用沉静的口吻吩咐我："先拿消炎的药酒，然后再拿止血的云南白药，然后再拿一个创可贴来。""哦"我三步并作两步，迅速把东西找到，急匆匆地奔向厨房，把东西交给爸爸。"你也真是的，这么大的人了，怎么这么不小心呢！"爸爸一边数落着妈妈，一边细心地处理伤口。看着爸爸那一丝不苟的劲儿，以及我们母女俩早就知道他那"刀子嘴、豆腐心"的性格，我们相视而笑。

等到手指包扎好，妈妈又要削黄瓜，洗菜，我和爸爸连忙拦住她。"干什么啊，这创可贴是防水的，没事！"妈妈急着说。"哎呀，算了吧，某人的技术太令我敬佩了，我可不想再来一次'流血事件啦！'"老爸佯装无奈，削起了黄瓜。"是啊，是啊，我们勤劳而伟大的家庭主妇今天就放假吧。"我调皮地说道。"呵呵。"老妈看着我和老爸，会心地笑了。厨房里，又响起了锅碗瓢盆的合奏……

是啊！在我们的家庭变奏曲中，无论调子怎么变，节奏怎么变，主题是不会变的，那就是温暖、幸福、快乐！

夜　行

高雨恬

　　夜晚，我们一家在夜色中散步。月光柔柔地笼罩着我们。月光很轻、很柔。光晕轻轻地驱逐者周边的黑暗，一声不响。寒风这时也吹起来了……

　　寒风没有月光那么柔和，它钻进我们的衣襟，给人感觉凉飕飕的。只穿了一件薄衣的我，缩着脖子，哈着热气，把头埋进帽子里。妈妈也很冷，不断哈着热气。这时，爸爸把他的大风衣脱下，搭在我和妈妈的身上。我妈则把衣服轻轻地披在了我的身上，替我裹好这件大衣。边整理边责怪道："叫你多穿点，偏不信，现在知道冷了吧！"我自知理亏，朝妈妈做了个鬼脸便跑开了。

　　我带着一阵风，从路边的小树跑过。已是深秋，一棵棵小树上零星的几片树叶，也随着我带来的一阵风落了，落到了微微有些湿润的泥土上，没有任何声响，让我不禁觉得凄凉。我觉得这些树叶就像是我们的父母，随着秋季与冬季的交替，随着时间的推移，生命迎来最后一刻，而这短暂而又宝贵的最后一刻，也会在不经意间悄然而逝……可是即使这样，依然会在生命的最后一刻把自己能给予这世界的最美好的东西给留下，给奉献……树叶会把自己的躯体作为养料，给予大树，而父母则会把他们的所有都毫不保留地给我们。

我不只是一个角色

我慢下脚步，缓缓地走着。这时爸妈赶了上来，我挽起妈妈的手臂，妈妈挽起爸爸的手臂，我们一家幸福地依偎在一起，我们都笑了。

我们的身影在月光下，留下长长的背影。寒风依旧不断地吹拂着我们的发丝、脸庞与衣襟，却吹不散我们紧扣的手臂。我相信，这三个背影会一直依偎着前行。

牛排与汤圆

王　格

幸福是一种味道，是一种甜的味道，就像饱满的豆沙汤圆一般，细腻、真切。我其实很幸福，因为我尝过那豆沙汤圆的味道。

那年冬天，在新学校待了大半学期，形形色色的人我见过很多，我常常羡慕那些家庭条件好的同学，没事的时候，我也时常对父母说些有关他们的事情：什么哪家从小给孩子学钢琴，什么哪家都出过好几次国了，什么哪家周末都去吃牛排啊……父母听着，只是浅笑；而我讲着，却有些难受。

那一天，雪下得很小，细细碎碎，转瞬即逝。爸爸突然说要带我去吃牛排，我十分惊讶。站在柜台前，看着五花八门的名目，我不禁有些呆。爸爸温和地说："随便点，大胆地吃！"我兴奋地笑了，丝毫没有觉察到不知何时妈妈已经不在我的身边。

牛排很香，我挥舞着刀叉，有种欣喜若狂的感觉。这时，远远地看见妈妈拎着袋子走来，待她走近，我兴奋地对她说："妈妈，你上哪儿啦？你不知道这牛排有多香！"妈妈笑着说："你吃牛排有营养，我跟你爸不爱吃，我去买了两块面包。"我怔怔地望着那双微笑着的眼睛，一时间不知如何开口，心里也不知是什么滋味。

　　就在那天晚上，我们一家洗完澡就睡了。过了许久，我听见厨房传来轻微的碗筷声音，赶紧穿了棉袄奔向厨房。隔着一扇窗，玻璃上满是雾气，我隐约看见灯光映出的人影在朦胧的水汽中晃动。是妈妈在煮汤圆！我静静地倚在门边看着她。

　　妈妈也看见了我，不好意思地理了理发梢，说："我和你爸没吃饱，煮点汤圆吃。"是啊，怎么能吃饱呢，就那点面包！我调皮地去拉妈妈的手："妈妈，我也饿了呀！"妈妈先是一怔，随即开心地去煮汤圆了。这时，爸爸也披了件衣服过来，倚在门外望着我和妈妈。豆沙汤圆好了，一人一小碗。就这样，我们一家子围着桌子品尝汤圆。

　　汤圆很甜！我一边吃一边对爸爸说："你不是请我吃牛排嘛！等我长大了，我请你去西藏吃牦牛肉！"爸爸笑得差点儿呛着，妈妈边抚着爸爸的背边说我淘气……

017

　　外面的雪下大了，风吹震了厨房的玻璃，这风儿也是想偷听这一家人的笑声吧。简单的幸福，简单的爱。嗯，我是幸福的，只因这三碗甜在心里的汤圆……

一　家　人

王京京

"到底该怎么说呢？"我嘀咕着。要写篇亲情作文，我一定要特殊点儿，这不，我正想办法呢！

对父母说声"爱"吧，体现一下亲情的气氛！"咳咳～"我清清嗓子，准备要说，脸颊顿时涨红起来，心脏不停地快速跳动着，"那啥……""丁零零……"这电话来得真不是时候！我害羞起来，脸颊绯红。恼人的电话！

我再次鼓起勇气，严肃地站在妈妈面前，一阵风吹来，我不禁打了个寒战，那"爱"又憋了回去……"吃饭啦！"嗯，机不可失，一定要说出去！

"那什么，嗯……"我扭扭捏捏地支支吾吾不敢说出口，妈妈瞥了我一眼，说道："怎么啦？"我鼓足勇气，脑门子一热，大声喝道："爸妈！我……爱你们！"爸爸惊呆了，问："作甚呀！这孩子！"老爸立刻进入厨房盛饭，我瞄了他一眼。那黑黑的脸上红了一块！不自然地盛起饭来。妈妈十分狡猾，眯起眼，问道："你说什么？"她的眼角弯弯的，带着微妙的笑容。明知我废了九牛二虎之力才说出口的，竟硬要我再说一遍。对爸妈说爱，天经地义，再说一遍也无妨！"爸妈……""我爱你们！"不知怎的，弟弟冲昏了头，便抢了下句。饭桌上洋溢着浓浓的爱意……

"今日你俩咋那么懂事嘞?"妈妈审问道,我俩不约而同地对视笑了。妈妈眼角闪烁着一滴泪珠,眼边红红的,兴许是被这突如其来的爱感动到了。"下去走走呗。"害羞半天的爸爸终于发话了。

凉风习习,树叶作曲,皎洁的明月伴同颗颗闪烁的晶星点亮漆黑的夜。我、我父母和弟弟、小狗优优沐浴着月光,散着步……

弟弟总是顽皮的,蹦跳奔跑在道路上;我呢,就跟随着妈妈一步一个脚印。爸爸就嗔怪弟弟:"这孩子,别跑丢啦!"优优也担心主人,叫了两声……

广场上,大妈们热情似火,欢乐地跳着广场舞,即使是晚上,城市里也有灵活的胖子带来欢闹!我们走过广场,穿过羊肠小路,进入小区……小雨滴滴答答地落在地上,还是妈妈有先见之明,带了把伞,全家人都挤在妈妈伞下,优优也是……

"叫你们不带伞!"妈妈笑着责怪道。

一家人团在一起,欢笑着,挤来挤去,这就,到了家……

019

一件羽绒背心

陈雨馨

当妈妈将那件羽绒背心拿出来的时候,我实在不想穿——橘黄色的羽绒皮,胸前翘起的线随处可见,更可气的是连袖子都没有!

"我才不穿这么丑的衣服,这谁的呀?"我没好气地问道。

"你不记得啦？"妈妈笑着道来，"这是你前年穿的。那年你玩烟火不小心炸到背心袖子，羽绒都'跑'出来了，我感觉你今年还能穿，就把袖子剪了。今天天冷，你就多加件背心吧。"

"不要不要！我衣服里不是有加厚吗，干吗多此一举？！"我早已不耐烦。

"光穿厚衣服管什么用！你就多加一件吧，最近降温很快，你小心像你爸一样着凉。"妈妈苦口婆心，但我并不领情："哎呀！你看看，七点二十，马上又要迟到了！"说完，我抓起外套就冲出去。

推开大门，凉飕飕的风钻进领口，冬天的清晨很冷，我不禁打了个寒战。

忽然，急匆匆的脚步声传了过来，回头望去——妈妈一手抓着羽绒背心，一手拿着电动车钥匙出门向我奔来。"啊，天多冷啊。乖，把背心穿上。"她边说边要给我穿背心。

我真的不耐烦了，一手夺过背心就向像电动车扔去，嘴里还不忘嚷嚷："跟你说多少次了，不穿就是不穿！"我气得直跺脚。

话音刚落，就听"啪"一声，羽绒背心被我摔在了布满灰尘的地上。我顿时慌了神。我并不是有意的，我只是想将它重重地摔在电动车坐垫上以表我的不满，谁知……

正当我等待着妈妈大发雷霆时，耳边却传来一声若有若无的叹息："唉——"只见妈妈似乎有些无奈，又似乎有些埋怨地捡起背心，用手拍了拍，确定干净后向我伸来："穿上吧。"

我有些不知所措，僵硬地穿上背心，心里很不是滋味儿。一路上，我们没多说一句话，一直到我进了校门。

路上，三三两两的学生走着，我打量着他们的神态——耸着肩，缩着头，双手不是插在口袋里就是缩在袖子里。无意间，我听到一声："好冷啊！"我的心微震了一下。我感受着来自外界的温度，不是很冷，至少没有出家门时那么冷，因为我身上穿着妈妈给我的羽绒背心。

那小小的羽绒背心穿在身上，就像妈妈的爱藏在心里。暖暖的，很贴心。

爸爸的自行车

夏 木

记忆中，爸爸总是骑着那辆被家人戏称为"小破车"的自行车，载着我，背挺得直直的，神采飞扬地在大街小巷里穿行。

那是一辆在我看来足以被称为"老古董"的自行车。上面的漆一块一块地脱落，早已看不出原本的模样了，我总是嫌弃这辆丑陋的自行车。

"爸爸，看看人家的车，多新啊，咱们也换一辆吧！"这是小时候我常对爸爸说的话。爸爸从未回答过我，更没有换了自行车。只是拍拍我的头，无奈地朝我笑笑，再转过身去，温柔地来回抚摸着那辆自行车，如同一位将军抚摸着自己的战马一样。

晚上，我总是不肯乖乖睡觉。一到睡觉时间，我便大哭大闹。家里人拿我没办法，但爸爸有。他将那辆自行车推出来，把我抱到车龙头上，昂着头，挺着胸，带我去夜市上逛一圈。我虽然不喜欢那辆破自行车，却十分喜欢爸爸骑自行车时的样子。他抬头挺胸，眼里带着骄傲，像一个国王在炫耀自己的国宝。我不知道他在炫耀什么，也许是我，爸爸一向是爱我的；也许是他的自行车，爸爸早已把它当作自己的子女去疼爱。待我再回来睡时，便是一夜香甜、美好的梦。

虽然爸爸一向大手大脚，做事很不细致，但对自行车，却是面面俱到。只是，一向周全、小心的他，却在那天失了手。

那天，我闹着要去看电影。爸爸拗不过我，只好又骑着那辆小破车带我进城。就在转弯时，爸爸因来不及躲开一辆急速行驶的卡车而摔坏了自行车。我至今仍无法忘却当时的爸爸，他一只手抱着我，另一手有紧紧地护着自行车。只可惜，那辆自行车被摔得支离破碎，爸爸也闪了腰，折了手臂。

躺在床上的那几个星期，爸爸总是唉声叹气，一个劲儿地责备自己不小心。等爸爸又可以下床干活时，头发已白了一半，精神也大不如以前了。

家人见爸爸这样，十分着急，便又帮爸爸买了辆崭新的自行车。我高兴极了。可爸爸并不喜欢，只有在必要时使用一下。爸爸变得越来越沉默。

有一天，经过一段上坡路。不知这怎么的，爸爸一个劲儿没使上来，车子便向一旁歪了过去。幸好我反应快，急忙跳下车去扶爸爸。那只爸爸一把拍下我的手，吼道："用不着你管，给我坐回去！"爸爸的犟脾气又上来了。

我不再言语，轻轻地坐了回去。望着爸爸灰白的头发和佝偻的背，心中不禁问道："那个骄傲的国王，哪儿去了？"

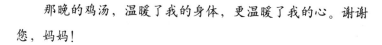

鸡　　汤

业　铮

　　那晚的鸡汤，温暖了我的身体，更温暖了我的心。谢谢
您，妈妈！

——题记

　　还记得那天是多么的冷！坐在靠窗的我早已瑟瑟发抖，手指冰
凉，盼望可以回到温暖的家。终于，下课铃响了！

　　我奔出教室，跟"大部队"出了校门，刚一上车，便闻到一股浓
香，来回飘荡，沁人心脾。我一睁眼，啊！一碗鸡汤已在我眼前，一
滴滴鸡油犹如小莲蓬，散落在汤面里。再看看那白色的山药，就是白
莲，秀美动人。那鸡，一条条鸡丝错落有致，已炖烂了！

　　"儿子，冷吧？来喝了鸡汤取暖！"妈妈的声音如春风般柔和。
我轻轻点头，接过鸡汤，用勺子喝了一小口。刹那间，寒意仿佛已被
这鸡汤赶走，我竟感觉不到半分寒冷。再吃一口鸡肉，啊！细嫩柔
烂，香气四溢，我迫不及待地把它咽下肚。啊！肚子里热起来了！

　　妈妈将车停在一边，看见我狼吞虎咽之势，不由得轻笑，嗔道：
"吃那么快干吗，小心烫着，没人跟你抢！"我放下鸡汤，对妈妈
说："哎，鸡汤这么香，情不自禁就吃快了！"我拿起纸正准备擦

嘴，突然，妈妈亲了我一下，说："儿子，冷了吧，多穿件衣服，别冻着。"这话似无形鸡汤，流在我心间，妈妈她每一刻都关心着我呀。我轻轻撕下小块鸡肉，送至她嘴边，说道："来而不往非礼也！"她轻笑，一口吃下去……

放　手

吴语潼

一条小街，走过的人匆匆，没有人停留。庭院里一枝夹竹桃出墙，颤抖着。就这样，随着阳光充满了整个房间，一切就开始了新的起点。

开学了，我上了小学。家离学校太远了，所以是妈妈送我去的。在这样阳光满地的日子里，第一次知道了来自上课的铃声，还有那条树叶覆盖的小街。我打量着那个令我感到胆怯的地方，抓住她的手腻歪着，嘴唇咬紧，发出不情愿的声音。我就这样站在大门口，不愿踏出这一步，就一步。那只大手轻轻握着，我紧紧拉着。

"放手吧，孩子。"她说着。我慢慢地、慢慢地放下了。手捏着衣角，挪进了这所学校。自己走一步就回一次头，望着妈妈，直到她成为一个黑点。

时光流逝，当我成了一名三年级小学生时，已经可以自己坐车上学了。我整理好衣服，就这样牵着妈妈的手，走下楼梯，奔向车站。车来了，满是人，嘈杂、喧哗一片。我背起书包，松开了手。她松了，我也松了。踏进了公交车，利落地投入一枚硬币，走了。

她就站在那儿，伫立着，我却没注意。

过年了，我和外婆要回老家，但妈妈因为工作不能回去。到了车站，出奇地安静，每个人似乎都停了下来，静静地等待着。我拿着火车票，拉着行李箱，兴奋、激动。妈妈却突然牵起我的手，一只大手轻轻握着。她的手紧紧圈着，腻歪着的，却是她的手。我们坐在那儿，直到开始检票。

我站起来了，拿出车票给外婆。然后，我松开了手。妈妈的手还抓着，像刚上小学的我那时一样。我没有回头，很平常地说了一句，"放手吧，妈妈。"然后，她的手缓缓地，缓缓地放下了，我急速挣脱，拉着箱子飞奔到检票口，匆匆跑进。

我，没有回头。手上，依稀有着紧握的余温。

回到老家，一切都是老样子。可是，当我再次看到那一栋暗黄的房子时，没有了以往欢迎我们的大队伍，没有了刚刚写完的、充溢着墨香的福，等到的，却是一片死寂。是的，老舅公永远地睡在了冰冷的田地里。我看见了，看见了老舅公的手紧紧地握着他儿子的手，迟迟不肯放开……

老舅公的手和我们的手，最终还是放开了。我才明白，亲人只有一次缘分。无论这辈子会和他们相处多久，都要好好珍惜共聚时光。下辈子，无论爱与不爱，都不会相见。而我，绝对不会再先放手了。

我不会再先放手……

妈妈笑了

冯雅楠

前天，对于我来说是一个重要日子，那天是我的生日。

一大清早，我伸了个懒腰，迷迷糊糊地走到厨房，便望见妈妈忙碌的身影：她一只手拿着铲子，而另一只手则是不时地拭去头上的汗水。望着妈妈忙来忙去的身影，我的心里涌出了一股莫名的感动。妈妈骤然回过头，"起来了，赶紧吃饭。"妈妈说着便端了一碗热腾腾的稀饭，一脸幸福的笑意，我也不自觉地咧开嘴角，笑了。

时间过得飞快，转眼间便到了下午，我去约闺密李秋澄来到我家给我庆贺生日。回到家，只见妈妈系着花围裙，双手端着两碗刚出锅的面条，笑盈盈地对着我们说："赶快吃，不然糊了就不好吃了。"说话间，便把两碗面递到了我们面前，只见面条上洒满了雪菜、肉丝和一些青菜，一股面香瞬间串入了我的鼻间，我不由得咽了咽口水，但又忍不住问："妈，你吃过了吗？"妈妈躲开我的目光跟我说："早就吃过了，你别管。"说着便进了卧室，我接着便毫不在意地端起了一碗面，往嘴里扒着，一脸的满足，心里想：虽然经常吃妈妈的面，但每次都是百吃不厌，吃了还想吃。李秋澄与我的吃相截然不同，她每次都只用筷子夹几根面条，慢条斯理地品尝。当我吃饱喝足后，这才想起了妈妈，从我们刚才吃面起，就没有看见妈妈的身影。

我向妈妈的卧室望去，只见她的房门虚掩着，我顺手推开房门，眼前的一幕令我心头一颤：只见妈妈缩着身子，坐在角落里，手里拿着一碗汤泡饭，一口一口地吃着。妈妈，您为什么要撒谎，我的心就像是被针扎般刺痛，我捂住心口不止一次地告诫自己，不能哭！要坚强！我仔细地端详起她的模样。我突然发现，妈妈老了，她原本挺拔的脊梁骨早已弯曲，她头上的几缕青丝也染成了白发。虽然不服老的妈妈却把头发染成了棕黑色，但现如今，还是难掩其中的几根白丝，起初，妈妈还把它们拣出来拔掉，但随着时间的流逝，妈妈无暇顾及这些白发。

妈妈感知到身后有动静，转过头来，发现是我，先是一愣，随后回过神来，温和地说："吃完了？"我的眼眶有些湿润，苦涩地说："妈，你不是说你吃过饭了吗？"妈妈忍不住上前摸了摸我的小脑袋，带着甜甜的笑意说："孩子，妈妈也是从学生时代过来的，知道假如我在你们旁边，你们肯定会感到别扭的。""妈，没……"我不知说什么好，妈妈也不多说什么，只是盯着我笑，一脸的欣慰、幸福。那笑容，就仿佛是一缕清风柔柔地掠过了我的心灵，我感到了前所未有的喜悦，心里想：妈妈笑了……笑了……

夜晚的光芒

刘　泱

星期五放学回家，马路经过一下午的雨淋显得干净多了，两旁的树木、花草却像是被这场暴雨吓坏了，脸上挂着晶莹的泪珠，亮闪闪的。

马路上的人都飞快地骑着车往家赶，因为今天的雨来得有点儿突然，大家又没准备好雨具，生怕这天说变就变，那不都淋成"落汤鸡"了？但我，却愿意就这样慢慢地骑着我的脚踏车，游荡着，游荡到天上去，穿透那乌云，寻找那温暖的太阳。

我喜欢太阳。不，与其说是喜欢太阳，倒不如说我是钟爱温暖的阳光。金色的，熠熠生辉，早晨，最早向我们问候的是它；傍晚，最迟跟我们说"再见"的也是它，而这温暖的感受只有那火辣辣的太阳才拥有。

就这样"游荡"到了家里。

今天晚上，爸妈加班，只剩我一人在家。妈妈为我准备的晚饭我一回家就吃掉了。家里死气沉沉的，就像地狱一样。打开电视机，频道依旧是那几个，而且音量明显比平时大了好几倍。

我望向窗外，外面已经不下雨了，路面还是湿漉漉的，时不时有车子飞驰而过，压得水花四溅。

"滴答，滴答……"家里的那个老钟吃力地走动着。突然，"当，当，当……"叫了十声。十点了！没过多久，有人敲门了。我有些害怕起来——这么晚了，谁会敲门啊？妈妈该回家了，可是她有钥匙呀！

我慢慢地从沙发上坐起来，蹑手蹑脚地走到门口，悄悄地从"猫眼"里往外看——那不是妈妈吗！虚惊一场。我打开门，责怪道："不是有钥匙吗？干吗敲门？吓人的！"妈妈不好意思地笑着说："上楼太急，左脚崴到了。"

我看了看妈妈所说的那只脚，便睡觉去了。不知过了多久，突然又被阵阵噪音吵醒了。

打开灯，都十一点多了，外面的月光皎洁，映得天空亮堂堂的。

我打开房门，卫生间里的灯亮着。我走过去一看，妈妈弯着腰坐在一张小凳子上，左腿搭在右腿上，别扭地洗着衣服，移动还得勾起左脚一跳一跳的。那背弯得像支弹不回来的弓，或者说这是多少年才炼成这般弧度的背啊！"吵醒你啦？"妈妈发现了我，"我注意一点儿，你睡觉去吧。"我转过神来，倔强地说："都被你吵醒了，哪睡得着，让我帮你洗吧。"妈妈一愣，嘴角不经意露出一抹难以抑制的微笑，说："你帮我晾衣服，好吧？"我点了点头。妈妈笑得开心极了，手上洗得更欢了。

晾完了衣服，我撩开窗帘。月亮仿佛比平时更明亮了，就像太阳一样，就像妈妈一样。因为只有妈妈才会有像太阳般温暖的爱；只有妈妈不论何时何地，都是孩子心中黑暗来临时的太阳；只有妈妈才是我们永远的依靠。

夜晚的光芒，是妈妈的光辉，是永远不会逝去的明亮。妈妈，感谢您带给我的温暖……

"妈妈，我爱你！"

何静楚

我的心怦怦直跳，脸红扑扑的，话到嘴边却仍然说不出口……

这是老师布置的一个任务，对爸爸或妈妈说出"我爱你"。听上去是个再简单不过的任务，最多三五个字即可。可哪知行动起来是这么的困难。

我不只是一个角色

我做完作业，见妈妈在厨房忙碌。我轻悄悄地走进厨房，想偷偷地在她身边，对着她的耳边轻声说："妈妈，我爱你。"可是事情并不如我想的那般容易。我刚进厨房，妈妈正好回头丢垃圾，她看到我，有些惊讶："作业写完了吗？""嗯。"我轻声回答，又鼓足了勇气，准备将心里念过千遍万遍的话说出来："妈妈，我……我……"我的舌头突然不争气地打结了，说不出那三个字。"怎么了？要说什么快点说吧。"妈妈好像有些不耐烦。"妈妈，我想跟你商量件事，我明天可不可以去买本书？"我口是心非地说出了一句话，还是没有勇气说出那句。"可以呀！"妈妈答应着，我失落地退出了厨房。

吃饭时，我在心中酝酿着感情，准备着将要对妈妈说的话。我刚准备开口，妈妈又出声打断了我："你们上次考试的成绩出来了吗？""还没。"我有些无奈地应着。心中有些嗔怪妈妈，真是的，让我说一句"妈妈，我爱你"都不给个机会。

吃完饭，妈妈让我收拾一下桌子。她在洗碗，我收拾好桌子后，走进了厨房，将手中的垃圾扔掉。我的心怦怦直跳，涨红了脸，握紧拳头，为自己鼓励。"妈妈，我爱你！"我大声地喊了出来，妈妈在干活的手猛得停住了，她立在原地一动不动，没有回应我。我认为她生气了，心里像装了一只小兔子，怦怦直跳，急忙为自己辩解"那个……这是老师布置的任务……"妈妈突然转过身来，摸了摸我的头，说："傻孩子，我也爱你啊。"她笑了，脸上丝丝皱纹像朵娇艳的花。

那是一朵爱之花！她的手变得粗糙了，那是岁月留下的痕迹。岁月湮灭了妈妈的青葱岁月，她不再如年轻时那么美丽，但为了我，为了家庭，妈妈无怨无悔，此时此刻，我百感交集，却只汇成了一句话："妈妈，我爱你！"

终于等到你

顾世楚

我在替上帝照顾一个天使。

——妈妈

妈妈，我也替天使来爱你。

——女儿

2015 年 3 月 16 日　天气阴

今天是元宵节，是张阿姨来接我的，咦，妈妈哪里去了？一路上，大街小巷到处张灯结彩，巷子里到处都是孩子欢笑奔走的声音，在晚风中荡漾开去。回到家，阿姨给我下了一碗热气腾腾的汤圆，在我吃的时候，她静静地看着我，仿佛想说什么，却又欲言又止。我心里仿佛预感到了什么，将手里的勺子慢慢地放到桌上，询问起来。阿姨吞吞吐吐地告诉我说："你妈妈在路上发生了一点事故，现在正躺在医院里呢，不过没事！你爸爸在旁边陪着她呢，不用担心！"一刹那间，我的心顿时像铅块一样，重重地坠入谷底，感觉像是喘不过气来，四周冰冷的寒气向我袭来，似乎应景了这悲伤的时刻，家里一片肃杀。我像是被黑夜吞噬的孩子，静待时间把我收去。

我不只是一个角色

2015 年 6 月 22 日　天气阴转晴

　　我在为妈妈折千纸鹤，因为离妈妈出院的日子不远了。微微的阳光照射进来，暖乎乎的。几个月前，家中总是这般冷情。不由得想起，以前爸爸妈妈都在家时，总是十分热闹，我时常觉得过分吵闹。似乎出现了幻觉，看到以前妈妈帮我梳洗头发的样子，心里猛地一阵疼痛，我调皮捣蛋、活蹦乱跳，妈妈却温柔地轻轻地帮我梳洗头发，她的脸上洋溢着幸福的笑容……我眼里竟涌出了一些晶莹的东西。

2015 年 7 月 1 日　天气晴

　　今天是妈妈出院的日子，是啊，经过了三个月的漫长等待，妈妈终于回来了，走在路上，阳光普照……

032

　　或许数十年以后，也在一个阳光微醺的午后，我也这般温柔地梳洗妈妈那飘雪的丝发，牵起她的手，陪她静静地坐在夕阳下……默默地为她撑起一世荫凉。

　　妈妈，终于等到你，才让我有了牵着你的手，陪你踏过山，蹚过河，一路播种一路开花，一起慢慢变老的机会。

左耳里住着个阿凡提

　　落叶飘过，我明白枯黄的叶子从嫩绿
到现在这副模样，再到埋于树根底下，这不
正是一个学习的过程吗？埋于泥土，它是在
积蓄能量，为的是迎接来年那属于自己的
春天。

左耳里住着个阿凡提

蒋 雨

秋风裹着落叶，晚霞剪着残阳，我和妈妈漫步在林荫小道上，在稀疏的林木间投下斑驳的剪影。

我和妈妈都默默地走着，谁都没有说话，我低垂着头，只是下意识地一下一下踩着枯黄的落叶，落叶发出"哗哗"的声响，嘈杂、凌乱，正如我此时的心情。

许久，还是妈妈开口打破了沉默："小雨，你还记得你上次给我讲的'左耳里住着个阿凡提'的故事吗？""嗯，我还记得，讲的是一个原本成绩不好的女生，在经过她爸爸给她的一记耳光之后，左耳失去了听力，但从此发奋图强，成为国家栋梁的故事。你说这个干吗？"我不免有些好奇。"没什么，因为当我听说你数学考得不好的时候，我就想象故事中的女孩儿的爸爸一样，冲到你面前给你两记耳光。可不行啊，你已经长大了！"妈妈说这话时，语气很平静，但平静中却透出几分严厉。

我不吱声了，抬起头望着妈妈的脸，却不巧正对上妈妈温柔的目光。

我和妈妈都止住了脚步，妈妈温柔地望着我说："顾老师说你上课开小差，老走神儿，这是为什么呢？妈妈只想问你这个问题。"

冷风吹过，一阵凉意向我袭来。

我低头不语，但分明能感受到从未有过的压力，像铅一般地压在我的身上。

其实，我也不知道我自己上课时在想些什么，连我自己都不知道答案，又怎么回答妈妈的问题呢？我只能独自沉默。

妈妈见我没有说什么，就没有再继续追问，而是迈开脚步，留我在风中独自思考。

我到底该怎么做呢？此时，我站在人生的十字路口彷徨，如何抉择？我真的努力了吗？为什么我没有办法像以前那样努力？为什么我每次考试都很不理想？

记得妈妈曾经对我说过："在学校压力很大，你要先学会竞争，寻找一个对手，和对手开展学习竞赛，共同提高，共同进步。"妈妈说的我都做到了吗？我的目标又是什么呢？

落叶飘过，我明白枯黄的叶子从嫩绿到现在这副模样，再到埋于树根底下，这不正是一个学习的过程吗？埋于泥土，它是在积蓄能量，为的是迎接来年那属于自己的春天。

或许，我应该像那小小的树叶，沉静下来，为今后的学习打下强而有力的基础，迎接属于自己的春天。我要一步步地成长，从班级前二十名到前十名，从全校前十名到前五名……

我相信我会成功，因为我的左耳里住着个阿凡提——奋斗的目标，我将会迎接属于我的春天！

听妈妈的话

陈宜萱

寂静的马路上，我走在前面，我妈走在后头，一前一后，静默无言。唉！我们又吵架了。

原因很简单，吃完晚饭，我妈要拉着我散步，我挺累，不想去，妈妈说："让你去就去！"我反问："凭什么？"就这一句"凭什么"彻底惹怒了我妈，虽然我最终还是下楼散步，但一路上，我都冷着脸，见到路上有小石头或是塑料瓶子就踢，借此来发泄自己的郁闷。

"砰！"我一脚踢飞了一个塑料瓶，愤愤地想：天底下怎么会有这么霸道的家长！

身后传来急促的脚步声，于是我也加快了脚步，我可不想被她追上，但很快那个人就超过了我，原来不是我妈，是个提着公文包的男人。轻轻舒了一口气，随后又不由得紧张起来，我妈该不会跟丢了吧？我正欲回头，但刹那间又顿住了，不行，绝对不能回头！

我迫使自己高高地昂着头，大步向前走，奇怪的是我的耳朵却不由自主地听着身后的风吹草动。

身后又传来鞋底摩擦地面的声音，越来越近，越来越清晰，直到终于来到我身旁——是我妈。

晚风吹动树梢，绿色的树叶沙沙作响，天空没有月亮，只有几颗很大很亮的星。

迎面走来一家人，爷爷、奶奶、妈妈、爸爸、儿子和一只狗。他们走走停停，一起谈天，那种快乐与温馨，似乎是从心底流淌出来的，就连那只狗，也一路摇着尾巴高兴地跑着。

我不由自主地望着妈妈，她也正看着我。心中莫名的感觉油然而生。"妈妈，我唱首歌给你听，好吗？"我问，"嗯……"妈妈点点头，"听妈妈的话，别让她受伤，想快快长大，才能保护她……"我轻声哼唱着歌儿，快乐地挽着妈妈的手回家了。

其实我们都应该听妈妈的话，大可不必顽固地坚持自己所谓的理由，因为妈妈的爱不是假的。

其实我们都应该听妈妈的话，大可不必与她吵架，因为你们最后一定会和好的，因为她是你的妈妈，你是她的孩子。

037

母爱的天空没有雨

朱 逸

天色暗沉，又下起了雨。这个夏季的雨像人的思绪般缠绵悱恻，任性地拨起人们心跳的涟漪。我却丝毫感受不到雨的凉意：因为母爱的天空没有雨。

那一天下着大雨。校门口挤满了来接孩子的家长，我下意识地向人群中望了一眼：没有！我一下子就慌了，但还是强装镇定，我沿着马路向前走着，一路走，一路望，却还是找不到妈妈的身影……怎么回事？妈妈是因为忙而忘了来接我？还是？我很想哭，却又怕被人看出我找不到妈妈，更怕妈妈找不到我。我孤零零地站在小店门前，任由雨水淋着我。

"囡囡！"我转身望去，不敢相信地揉揉眼睛——是妈妈！

妈妈见我回了头，连忙跑了过来，"乖囡囡啊，怎么跑这儿来了？"

心中顿时升起了一股无名的火，真是的，她怎么又叫那个小孩子气的名字了？

"你还说！下这么大的雨，你又没来接我，我到哪里去呢？"我朝着妈妈大喊。

"我……我只是怕你被雨淋着，进去接你去了啊！"妈妈解释着，"囡囡，别怕啊，妈妈有伞。"我一把打掉妈妈手里的伞，"求你别叫那个名字了，好吗？"

妈妈一下子不说话了，低垂着目光，像一个犯了错的孩子。她弯下了腰，轻轻捡起了伞。我呆呆地看着她的慢动作，心里滑过一丝懊悔：哎！怎么又不和妈妈好好讲话了呀！

一年前的早上，我起迟了，因为害怕被老师骂，便连早餐也顾不上吃，直接拎起书包，冲向学校。

"你！你快停下！"一个急切的声音响起。我左右看了看，只有我，我极不情愿地转过头，"干什么呀，我快迟到了！"一个"黑猫警长"皱着眉毛向我走了过来，"几班的？红领巾呢？"我朝脖子上一摸，大吃一惊：红领巾不见了！没办法，我只好向传达室的老爷爷借了手机。

"喂，妈妈。"

"囡囡，怎么了？"

我刚想回答，却听见身旁有人在低低地笑，"这个人的名字怎么叫囡囡呀！"我的脸顿时像是火烧了似的，连忙对电话那边的妈妈说："对不起，我打错电话了！"

事后，我想那一边的妈妈一定被我伤了心了吧，我开始反省，反省自己为什么只为了那一个小名就不和妈妈好好说话，我是她的女儿，是上天赐给她的小棉袄，却总是惹她伤心。

"哗"，妈妈的伞被风吹了出去！

那把鲜红的伞，在风中不停地飞舞，而妈妈仓皇地去追逐着那把伞，我的鼻尖一酸！转过头去。

不知不觉间，我和妈妈到了家门口，我们都被淋成了落汤鸡。妈妈很别扭地对我说："小……小逸呀，快脱了衣服，妈妈给你洗，别着凉了啊！"妈妈似乎忘记了我刚才的顶撞。

听着妈妈口里不熟悉的名字——小逸，心里忽然感到很不舒服。

"妈妈，还是叫我囡囡吧，听得顺耳。"我装成毫不在意的样子。

"我还是叫你大名吧，只是叫惯了，怕以后不小心再叫成囡囡。"妈妈在极力地解释着什么。忽然间，眼泪模糊了我的双眼。

身上的衣服湿透了，但是心里却很温暖。原来，那散发着暖暖橙色母爱的天空，一直没有下雨。

电　话

史文敏

　　"丁零零、丁零零"，客厅里突然传来电话的叫嚣声。"妈妈，有电话。"正在题海里苦思冥想的我对妈妈说。片刻，便隐隐约约地听到妈妈礼貌的说话声。"喂，请问你找哪位？""她在写作业，我帮你叫一下她，请稍等一会儿。"紧接着便听到妈妈尖锐的叫声，我也只好皱着眉头丢下笔，没好气地说了声"来啦"，走出了书房。

　　走进客厅，只见妈妈一手拿着话筒，一手插在腰间，满脸疑惑地打量着我。这让我感到有些不舒服和奇怪。难道是因为我板着个脸吗？于是我就扯出了一个笑容，却只见她眉间的疑惑更浓了。我也只好讪讪地接过电话。听到电话里传来的问候声，才知道原来是我的一位男同学，说这个星期六想张罗一些同学聚一聚，毕竟小学快毕业了，问我要不要去。我向妈妈的位置瞥了一眼，只见她一脸严肃地坐在沙发上，身子微微向我这边侧，耳朵有意地向电话靠拢，恨不得贴上去才好。眼睛一眨都不眨地凝神倾听着，仿佛希望能听到一丝半语。我对这样的举动很反感。不就是接个电话吗？至于装成个特务似的吗？我情不自禁地往一旁站了站。注意到妈妈的眉头有些微皱地抬起头来，眼眸里闪烁着不满的情绪。我只好装作没看见地偏过脸去，因为我实在不想看到那满是探究和怀疑的目光。

想起这个星期六还要上辅导班，我便婉言拒绝了邀请，然后就把电话挂了。我转过身来，若无其事地准备走向书房。"等一下"，声音却如我所料般地想起。我也自觉地停住了脚步。妈妈起身走到我的身边，假装很随意地问了一大串问题。"刚刚打电话的那个男生是谁啊？""他怎么知道我们家的电话的？""你们都聊了些什么啊？"我不耐烦，漫不经心地回答着。最后实在是受不了了，就说作业来不及写了，溜进了书房。妈妈似乎也很来火，火冒三丈地在客厅噼里啪啦地大声嚷嚷着世俗的老一套。

虽然把门关上了，可还是能听得很清楚。那不停的嘈杂声，让我也觉得十分不爽，可又不能发泄出来，心里烦躁得恨不得要那一盆凉水来浇透了才舒服。作业一个字也没写，最后连我是什么时候睡着的也不知道。

第二天到了学校，我和同学讲了昨天晚上的事情。她就像找到了知己似的跟我诉苦。原来她也有和我差不多的经历。看来也有其他的家长和我妈妈一样啊，想到这儿，我心里顿时轻松了许多，也开始反省自己。自己做的就一定对吗？

现在，虽然每次和别人通完话后，妈妈依旧会问我一大堆的问题，但和以前不同的是，每次我都会耐心地回答她的每一个问题，直到她露出了轻松的笑容。

世上的父母都是关心自己儿女的。其实，"电话窃听"也是一种关爱的方式。

你，是我最爱的人

朱宇琪

那天，我迈着沉重的步伐往校门口走去，在密集的人群里寻找那个熟悉的身影。妈妈似乎看见了我，向我招招手，却我面无表情地走上前去。"怎么了？有什么不高兴的事？"妈妈发现我不对劲儿，着急地问我。我点点头，低头用细小的声音回答："今天考试了，成绩出来了。"过了半晌，我又说："成绩很糟糕。"我在书包里搜着那打满红叉叉的试卷，等待着暴风雨的来临。

果然，妈妈阴沉着脸，说道："每天晚上回家就知道玩电脑，作业都摆在桌上几天了，一个字也没有动。如今，你看看，带着这张试卷回家，你满意了吗？"妈妈说完，把试卷往桌上一摔。于是，丢下一句话："你自己想清楚，到底为什么会考这么差。"便摔门而去。

我的心里很不是滋味，一颗颗受满委屈的"珍珠"落了下来。一粒一粒地滴在衣服上，正如一针一针刺在我的心头。

我无力地瘫坐在地上，鼻子里一阵阵的酸楚。我拿起试卷，经过妈妈的房门，听见窸窸窣窣的声音，我贴近房门，才发现，原来屋内有小声哭泣的声音。

是啊！为什么我会这么不懂事呢？妈妈的要求很低，写完作业就可以玩。可是我每次都会一拖再拖。她什么都不求，只求我能埋头读书看书，这样她才会开心。她会放纵我，每次当我一个人不敢乘公交车时，她总会不顾及身体的疲惫来接送我。

她还会袒护我，每当我和爸爸发生争执，即使我错得太离谱，她都会义无反顾地帮助我，甚至还会和爸爸大吵一架。

可是这么多点点滴滴，我为何没有发现？其实妈妈很容易满足，只要多向着她一点儿，就足够了，就真的够了。妈妈。你是我最爱的，也是最爱我的人呀！

望着头顶那柔和的灯光，我的思绪牵向远方……

身子一晃，我才发现站在门口已经很久了。屋里的哽咽声也早已没了，我轻轻推开房门，蹑手蹑脚地进入房间，发现妈妈早已睡去。

不知为何，我又流泪了。当这眼泪进入嘴里，咸咸的，但是我的心里却很甜，甜得化入我的心！

我终于懂得了他

高　妍

独自坐在窗台边，看着外面来来往往的车辆和路上行走的人们。日暮正悄悄地拉开……我的泪水又止不住地流了下来。心里暗暗想："爸爸为什么要这样对我？"

从小到大，我和爸爸的关系一直不冷不热，仅仅是因为他对我十分的严格。甚至让我反感。

记得那年，我正好上大班。那是一个明媚的正午，我和邻家的一位姐姐准备出去玩。我兴奋极了，刚准备出门。"去哪儿？"一声浑厚的声音把我震得一惊。"给我回来写作业。"我感到情况不妙。只好乖乖地坐下来。可是我哪有心思写呢？一边写一边还想着玩。不知不觉间，我写完了所有的题。我抖和和地将作业本交给爸爸，眼睛也不敢看着他。爸爸拿着作业本，眼神突然之间变得凶狠起来，重重地将作业本砸在我的脸上。一瞬间，委屈的泪水划过我的脸颊。我捡起作业本，擦了擦泪水，回到了房间。刚一关门，我就失声大哭起来。当别人还在打闹嬉戏时，我却要在家里写作业。我心里堆积了满满的仇恨，黑暗的种子在心间滋长。

渐渐地，我长大了。爸爸虽然对我没有从前那么凶，但依然严格。我们之间因此有了隔阂。

那一天，回到家后，我看见了放在书桌上的信封。这才想起是老师让家长写给孩子的一封信。我打开信纸，一行行地读着。信中说道："其实，这么多年来，作为你的爸爸，我感到深深的自责，我不想对你这么严，可是我不想让你输，不想让你像我这样无所作为……"看到这里，我的泪水一下子流了下来，朦胧的泪花中我隐约看到了我生病时，爸爸焦头烂额忙碌的场景；我心情不好时，爸爸安慰我的场景；天气降温时，爸爸打电话提醒我要多穿衣服……这一切的一切都是因为爸爸，顿时，父爱像一绺阳光直射我的心房。

那一刻，我终于懂得了爸爸！

耳边响起："终是向你索取，去不曾说谢谢你，直到长大以后才懂得你的不容易……"泪水再一次充满了我的眼眶。

那一刻，我认识了你

蒋灵山

"儿子，明天是国庆节，和老爸去扬州溜达一圈如何？"饭桌上，爸爸抿了一口酒，顺势向我碗里夹起一块红烧肉，他的嘴角泛起一丝微笑。"不要——"我一惊，仿佛是久旱逢甘霖，听了这久违的滋润心田的话浑身起了鸡皮疙瘩。

饭桌上，尴尬无言。往事如闪电般掠过心头：在我五岁那年，我们一家辗转来到南京，挤在一个二三十平方米的房子里勉强生活，爸爸从一周回家一次，到两周一次，渐渐地一个月才回来一次。在我模糊的记忆里，爸爸在我心里的位置渐行渐远……

"去吧，放松放松！"妈妈掷地有声的话，把我从回忆里拉进现实。我沉默了片刻，微微点头，爸爸呵呵大笑，连说："好，好！"我不自然地只顾埋头吃饭。

那天，我们一块去了瘦西湖，一路上我不言，况且从小和爸爸就没说过多少话。爸爸伺机寻找话匣子，硬着头皮，慢慢走到我身边，轻轻喊了声："儿子，吃什么？"过一会儿又微微说一句："渴不渴？"我只吐出"随便"或者"嗯"。虽说如此，笼罩心头的阴霾似乎在慢慢散去。

瘦西湖风景宜人，芳草茵茵似绒毯，远山点点含着烟云，柳浪花荫，连水里的五彩锦鲤都赶着热闹追逐，惊起一圈又一圈涟漪泛开去。呀，一切都欣欣然的样子，我也跟着心旷神怡、怦然心动了！

就在这时，许多民间的玩意儿吸引了我的眼球，一个叫"滚铁环"的东西俘虏了我所有的视线。我迫不及待地上前把铁棒扣在铁环上，用力向前推，铁环就晃晃悠悠地向前滚了几圈，好像是喝醉酒的汉子，又犹如蹒跚学步的孩子，一下子就往左边倒，躺在了地上。我失望极了，仿佛被人当头浇了一盆冷水。第一次玩就出了洋相，我可不敢再轻易冒险。爸爸看出了我的心思，走过来神秘地说："灵山，看我的！"只见他拿住手把用前面的小钩钩住铁环轻轻地往前推，铁环就滚了起来。他玩得如此娴熟，铁环在他手中像活了似的，一会儿转圈，一会儿翻跟头。爸爸在前面滚，我在后面追着大声喊道："哦，铁环滚起来咯！哦，铁环滚起来咯！"爸爸把铁环滚了回来，问我："你想学吗？"我说："想！想！爸，快教教我！"喊出"爸"字的时候，我自己都咋舌，那一刻真美，似一缕春风化解了我和爸爸之间的隔阂。"好，我来教你！"爸爸抓住我的手，眼神里充满鼓励和期待，在人群里放开自己像个顽童，满脸的汗珠、湿透的衣服换来的是我一次次从失败走向成功，我不停地练，一次、二次、三次……那一刻，从那双有力的大手和坚毅的目光中，我认识了爸爸，仿佛那一刻我们父子俩加起来就能扛起整个世界！

夜幕降临，皓月当空，我们爷俩睡在宾馆的大床上，记忆里还温存着这一日的快乐时光。"这床真舒服，这些年我一个人在外拼搏，天天睡板床，夏天没空调，冬天一床被子裹得严严实实，现在睡着席梦思反而不习惯了，呵呵……"我听着心里有一刻酸楚，情不自禁说："爸，你辛苦了！""再苦，想到这个家，想到你——我的儿子，咬咬牙也就过去了！呵呵……"我的眼里噙着泪水，不知该说什么。"儿子，明年我就回南京工作了，以后陪你的时间就多了，你也要经常给爸爸打个电话……"我打量着他：黝黑的皮肤，额头上深深的皱纹，蓬松的头发上泛起几丝银发。月光的清辉洒在爸爸身上，我看清：岁月的印痕慢慢爬上了他饱经风霜的脸上。那一刻，我真正认识了爸爸！

那一刻，我认识了你，更读懂了你：你是一杯酒，细细品味才有滋味……

我是幸福的

蔡立豪

天空的云是迷路的小孩，每天在无尽地徘徊；而我却迷失在寻找幸福的道路上……

不经意间，我却在身后找到了它。

天灰蒙蒙的，我睁开惺忪的眼从被窝里探出头来望了望窗外，便又再次埋在被窝里，只想合上眼再次睡去。"快起来，今天出去！"一个声音传了过来，冷得就像这窗外的寒风。

我迅速穿好衣服跟着爸爸走了出去。

目的地似乎不是很远，爸爸让我骑自行车去，他也骑着自行车走在前面。没有太多语言，我就这样漫无日的地跟着爸爸（这种场景在我眼里已然司空见惯，没什么尴尬可言，因为爸爸似乎对我一直就是这么冷漠）。天空一直阴沉着脸，时不时地呼进几口刺人的冷风。那调皮的风儿在我单薄的衣服里窜来窜去，我不禁打了个哆嗦，然后下意识地将拉链向上拉了拉。

不巧的是骑在前面的爸爸这时正好回头，他看了我的这一举动，随即紧皱眉头，用稍带责备的语气说："穿这么少冷不……""不冷！"我迅速地抢在前面堵住了爸爸后面的话。他没有再说什么，只是瞪了我一下然后转过头去。过了不久，他又再次回过头来，眼里除了责备，好像又多了种东西，我没能理解也没有在意，只是心里隐隐掠过一丝不悦：我又不是三岁，用得着这样吗？

我不假思索，用尽全身力气踩下踏板，加快速度，一举超过了他。我的心情顿时舒展开来，不禁吹响了一声口哨，这声音在空中飘荡了一下，随即又伴着冷风飘散到了远方。霎时间，又陷入了沉寂……

我骑在前面，望着路两边过往的风景，心里空落落的，总感觉少了什么东西，于是我又想起了被我甩在后面的爸爸：我骑得这么快，他会不会跟不上我啊？他的车没有我的好，他在后面会不会出什么事啊？带着这些疑问，我满是焦虑地回头望了望。一转头，我的目光便与爸爸的目光交织在一起，如同一根断了的弦重新结合……那一刻，我明白了爸爸的回头，明白了爸爸的眼神，也明白了其中包含着的浓浓的幸福。

048

有时候，幸福也许就是这样，不必去苛求，不必走太远，它也许就在一个回头、一个眼神、一份理解中……

回家晚了

胡 非

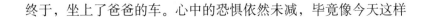

终于，坐上了爸爸的车。心中的恐惧依然未减，毕竟像今天这样

擅自跑去别人家玩，对于我来说，还是第一次。

车窗外，树木张牙舞爪地迎风摇曳着，好像在嘲笑我，平日里皎洁的月光此刻却显得那么刺眼，令我不敢直视。车内那么寂静，我甚至能清楚地听到自己紧张到吞咽口水的声音。眼看就要到家了，可是父母依然沉默不语，这气氛真叫人喘不过气来！车停了，到家了。我多么渴望听到一声"非，下车吧！"可我等到的却是两声清脆的关门声。我也只好自行下车了。我跟在他们身后，一点一点地向家走去。像往常一样，我走得很慢，我以为他们也会像往常一样在楼梯的转弯处等我一会儿。然而，我一次次习惯性地抬头张望，迎接我的只有无尽的空荡。难道只因为只一次我小小的任性，就闹得一家三口都不开心吗？我可不希望失去我温暖的家的氛围。

不知不觉就走进了家门，内心空落落的。我走进我的房间，打开灯，默默地写起作业。接下来的时间里，一切都十分正常，但又都异常地寂静。

做完作业，我躺在床上，拼命地想要睡着，想要进入一个有声的梦境。一阵拖鞋后跟急促的撞击地面的声音把我惊醒。猛地一睁眼，只见爸爸面带愧疚的微笑坐在我的床边温和地说："我们聊聊吧！"我迟疑了片刻，条件反射似的想象以往一样撒娇地说声："不嘛，我要睡觉的。"但终究是克制住了，缓缓地点了点头。爸爸脸上漾起了一丝欣慰，就向我靠近了些，问道："今天玩得开心吗？"我轻轻地胆怯地喃喃道："还好。"爸爸更加高兴了，又靠近了些，继续用那充满怜爱的双眼注视着我。片刻之后，他半自言自语、半检讨似的说："我前两天就应该答应你去的，本来朋友之间串串门也没什么不好的。我也应该早些去她家找你，早该……"他的声音是那么温柔，暖暖地包围了我，我闭上了眼睛，不再直视爸爸的眼睛，因为那大概是我所不能回报的、巨大的爱的表达方式之一吧！我任由眼泪从眼角滑落，任由自己在这感动中进入梦境……

左耳里住着个阿凡提

父爱，多么神奇的东西啊！那就是我的家所在的地方，那一晚，我"回家"了！

心中的那份爱

蒋明宇

　　那是一个秋雨潺潺的季节，雨幕遮住夜色的苍茫。我沉默地守坐在教室墙边，忍不住回头向后望，墙上的钟还在机械地走着，黑白的指针冷冷地向我宣布七点整。无奈，继续趴在桌上一脸倦容地朝着门外搜索，怎奈门外黑色的雨帘固执地将父亲的轮廓隐去。透过微开的小窗，缕缕夹着细雨的寒风钻进我的心房。我不禁下意识地向外瞥了一眼，只看见一盏孤守在校园一角的灯光。

　　我咬了咬牙，收拾好零乱的书包走了出去，不愿困在这沉闷的教室里苦等。

　　街上真冷，厚厚的毛衣也不能挡住，路上仍旧是下着细密的烟雨，只有几辆疾驰而过的汽车卷起积水而已。没有雨伞的庇护，我的头发上落了许多小水珠，串成一线从脸颊滴落，镜片不一会儿便模糊不堪，我不得不一次次擦干。沿着墙边从小街的这头一直到街尾，路上坑坑洼洼。我倚在最后一杆路灯旁，努力向前看，希望能看到有事出去的父亲回来接我，但此时似乎一切都是枉然。仰望夜空，我发现不知什么时候雨下得小多了，天上隐隐地出现了月亮的身影。我又朝前方看去，终于看到了熟悉的身影——爸爸来了，我赶紧背好垮下的书包冲了过去，但却又突然回忆起早晨——

"今天有雨，带上雨披——""烦死了！哪有雨！""哐"的一声关门，关住了爸爸未完的话。

"嘿，你在想什么呢。"爸爸的话又将我的思绪牵了回来，"穿上雨披吧。"我不禁愣了一下，"雨披？"这个天气爸爸竟然还要我自己回去！心里腾起一缕不满，但也只好跑回学校推出车来，穿好雨披后，爸爸又一遍遍对我念叨下雨天注意安全，自己在前头先走了。

这时，我才发现爸爸是没有穿雨披的，正在冒着雨前进，鼻头不禁一酸，怪不得这雨披穿上身时反而觉得暖和！我奋力一蹬，想追上去，却发现爸爸已在前方路的转弯处回头望我……

也许那夜的月，被雨逼迫得有些狼狈，但我觉得，那雨却是月酿的美酒。

爱，伴我成长

谈 倩

父亲的爱，是跳动在指尖上的。

幼年时的我，最欢乐的"乐园"便是父亲的那双厚实而温暖的手。父亲可以轻而易举地托起我整个身子，我调皮的小脚丫子总是在父亲的掌心里软软地踏着。

童年时，父亲已经托不住我了，但是那双大手还在。天冷时，他会握住我冰冷的手给我暖手；做习题时，它会抚摸我的脑袋让我静心；夜深时，它会轻掖我的被角让我进入更深的梦乡……丝丝暖意凝聚成了一双无言的手。

上小学二年级时，在我的央求下，父亲让我学习了古筝。可是一两个月后，我却打起了退堂鼓。这时，父亲的手中多了把戒尺。

记得有一年冬季，大雪纷飞。深夜，仍然能听见从我房间里传出的琴声。因为我不愿意练琴，父亲罚我练一整夜的琴。还有一次，我仍是很倔地与父亲顶撞，不愿练琴。父亲拿出了一把长长的尺子打我，每打一下，身上便有一道红印子，通红得仿佛能掐出血来，而父亲的眼里分明有几分湿润。奇怪的是，在父亲严厉的管教下，几年的光阴像是泼出去的水一样渐渐消失了，当初觉得遥远的十级证书竟也被我放在书橱里。

五年级暑假，我参加了一个夏令营，那是我第一次离家。在那个没有爸爸妈妈，只有陌生的新同学的环境里，在那个宁静的夜晚，我竟有了想家的冲动。

爸爸、妈妈也不放心，在第三天晚上，他们竟然奇迹般地出现在我的面前。

"爸——妈——"一开口，我就发现我的眼眶里聚满了泪。当时的我，也不知为何，这泪像是一种莫名的情绪突然地涌了出来。我不想让他们看到，硬是眨了眨眼睛，将眼泪逼了回去。

"要好好吃饭，多喝水……"妈妈嘱咐道。爸爸则伸出右手抚着我的脑袋，让我赶紧回去。

爸爸的爱，总是沉默着，被我们所忽视。可是当我们发觉这份爱时才明白：其实我们一直在被浅浅的、温柔的爱包裹着。有了这份爱的我们，会在人生路上幸福地成长着。

父亲的字

周雨舟

偶然间抬头，发现桌子上的一角上有一本字帖集正静静地躺在那里。那上面无数的签名使我想起一次温暖和愧疚的记忆。

"爸！老妈不在，帮我签个字！"放学回家，我手一松将"家校联系簿"扔给了正在专注看电视的老爸，随后就拎着个沉重的书包慢慢悠悠地走进了房间，也没顾老爸的反应。

夕阳渐渐西下，余晖将房间照得一片通红。忽然，只听"哗啦"一声，窗帘被狠狠地拽在了一起。"真烦人！这题怎么这么难啊？"我一边随口嘟囔着，一边快步向客厅走去。

"爸，签好了没啊？"我皱着一双眉头瞪着"家校联系簿"上那片原始的白色。

"怎么还没签？都这么长时间了！"

"不是不是，主要是我的字感觉怎么写都丑，所以想先试写一下。"老爸那圆滚滚的脸蛋上布满了汗珠，手也不停地抓着头，一副认错的模样。在他身边，则是一张写了无数遍他的名字的草稿纸。上面的字有大有小，各是不同，却占满了整个纸张。

"真是的！不要你签了，这么慢！"可是，我却一点儿也不领情，一把夺过"家校联系簿"，转身又走进了房间里。

俗话说得好"嘴总比大脑走在前面"，一进房间，我就后悔了，"老妈今天又不回来，谁帮我签字啊！"

我急得在房间里乱转，耳边传来我的"嗒嗒"的脚步声，偶然间还能听到门外客厅里略微沉重的脚步声。

夜深了，放下一堆扰人的作业，倒在温软的床上，意识逐渐朦胧……忽然，一阵开门声惊醒了我，轻微的脚步声伴随着自言自语声随之响起："都已经练了五大张纸了！应该够了吧……"过了一会儿，关门声终于响起。等到房间里重新恢复了黑暗后，我急忙起身跑到了书桌旁，轻轻翻开了"家校联系簿"，一行规规矩矩的字，被放大，映入眼帘。睁大瞳孔，点点泪滴随即滑落，在黑暗中闪烁着耀眼的光芒……

想到这里，我立即将那本字帖郑重地放在了书桌的中央，让我随时都能铭记那次历程。

054

"无声"的父亲

陈与周

小时候，我曾认为，爸爸是一个感情迟钝的人。儿时放风筝，陪着我的是妈妈，而捡风筝的却是爸爸；学骑自行车，扶起摔跤的我的是妈妈，而一旁喊加油的却是爸爸；举办生日聚会，坐在一旁陪我吹蜡烛的是妈妈，而用相机在一旁默默记录下一切的却是爸爸；生病去医院打针时，反反复复安慰我的是妈妈，被我紧紧攥手指且一声不吭

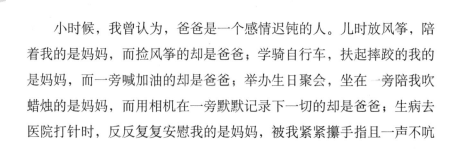

的是我那高大的爸爸，莫非是爸爸不会表达感情，还是……我开始用心思考。

五年级暑假，爸爸给我报名参加了一个跆拳道班，晚上回家的时候，我常常会向爸爸诉说一天的苦，但爸爸总是说："男子汉这点儿苦都忍受不了吗？"此类的话。可能是太想让爸爸安慰安慰我，可结果总是不尽人意，而导致那段时间我常常生爸爸的气，不去理爸爸，直到那天晚上。

"爸，我裤子后面的带袢子断了！" "断了又怎样？不能穿了？" "可是断了好几个，叫我皮带怎么穿？" "这能怪谁？谁叫你自己弄断的？"爸爸的态度越来越强硬，我当时除了委屈再无别的心情，"那别人的爸爸就最关心自己的儿女，和你一点儿也不一样。"说完这句话后，爸爸的脸上显现出一副惊讶而又伤心的表情。紧接着，我便摔门进了房间，留下爸爸一个人在空荡的客厅里。随后传入耳边的是爸爸那略显沉重的脚步声。

洗完澡，我不知道为什么在床上辗转反侧了半天也没睡着，银灰色的月光洒在我的床头，我陷入了天使与恶魔的争辩之中。"天下的爸爸都是深爱自己的孩子的，别瞎想了。" "胡说，你爸爸对你从不怎么关心。"恶魔打断了天使的话。最后，我想得心烦，干脆出去喝杯水，我走出去，看到客厅还有一盏小台灯亮着，条件反射地后退了一步，随后定睛一看，啊，是爸爸。他手里正拿着我那条破烂不堪的训练裤，小台灯很亮，照亮了我整个心房，让我再一次清晰地看见我那位高大的爸爸！我背着墙，认真聆听着缝补裤子的"嘶嘶"声。"啊！"爸爸小声地叫了一声，我知道，一定是针扎到手了，我情不自禁地回头望了望灯光里的爸爸，心里泛起了一股不知怎么形容的心情，总之很不好受。

经历那事之后，我才恍然大悟：原来不是爸爸过于"迟钝"，而是因为我的"愚笨"，是我没体会到那沉默背后迸发出来的温暖啊！

后悔的滋味

戚佳鑫

　　时间在飞快地流逝，但记忆却永远无法抹去那件让我后悔万分的事。它就像一颗不小心掉入心底的种子，已在心中扎根发芽。

　　记得那是一个秋季的雨天，天刚蒙蒙亮，窗外的小雨淅淅沥沥地下着。秋风卷起枯叶，扬到半空中，突然像断了气的老人似的，回旋，下落，任由叶子飘飘悠悠地落到泥泞的路面上。"丁零零"，电话铃响了，只听得那头一阵沉重的声音传来："你太奶奶昨晚去世了……"什么，这如同一个晴天般劈了下来，一幅幅画面从脑海中急促闪过……

　　在我的印象中，太奶奶身材矮小，总穿着一身黑色的老式衣服。她的头上像铺上了一层银白色的霜，两只慈祥的眼睛深深地凹陷在眼眶里，嘴中的牙也快脱光了。她的脸蜡黄蜡黄的，布满了一根根皱纹和一块块深褐色的老年斑，一双粗糙的手上爬满了蚯蚓似的血管。

　　每当逢年过节时，太奶奶作为家里德高望重、辈分最高的人，家里的亲戚朋友都会买些核桃之类的营养补品来看望太奶奶。一到那时，太奶奶房里便满是各式各样的好吃的，而她总舍不得吃，每次都拿给我这个重孙女吃。当时的我不懂事，总觉得上了年纪的人有点儿脏，身上的味道有点儿难闻，所以我从不吃太奶奶给我的东西，也从不想到她身旁去。

记得有一次过年时，妈妈带我从外面走亲戚回来，走在路上就远远望见太奶奶正坐在家门口的板凳上等着我们。我心里嘀咕着：真烦人，身上那么臭，我才不想到你身旁去呢！想着，便不由自主地捂上了鼻子，躲到了妈妈身后。到了家门口，妈妈先跟太奶奶问了好，然后对躲在身后的我说："快叫太奶奶好啊，鑫鑫！"我听了，极不情愿地叫了声："太奶奶好。""哎，好！"太奶奶慈祥地看着我说。接着，太奶奶便拄着拐杖进了屋，这总算使我能呼吸口新鲜空气。不一会，太奶奶便又拄着拐杖提来了几袋好吃的，热情地对我说："好孩子，来，吃点东西吧！"她的手伸过来，随即带来的是一股异味。厌恶的感觉越来越强烈。我不耐烦地挥挥手，说："不用了，我不吃！"太奶奶失望地放下袋子，缓缓说道："那等你饿时再吃吧，要不要喝点儿……"没等太奶奶把话说完，我便一溜烟儿跑进了屋。

现在，我长大了，懂事了，回想以前太奶奶对我的一言一行、一举一动，她是发自内心地在疼爱着我、呵护着我啊！可是我没有珍惜这份爱，如今心中满是后悔与歉意。我多想弥补儿时的不懂事，用我的行动来关爱太奶奶啊！可那再也不可能了……

回忆中的枣味

严涵彦

那一年，是我童年里最美好的一年，在那段如歌的回忆里，有我，有外婆，还有那满院香甜的枣儿。

工作繁忙的父母实在抽不出时间照顾我，于是在我五岁那年将我送到了乡下的外婆家。外婆的家在一个离南京不远的小村落里，空气清新，环境优美，邻里间和谐共处，平和而宁静——想必这段日子定会过得洒脱愉快吧！

在对外婆家的无限憧憬中，我被外婆领进了家。不同于城市的小高层，外婆家给人多了几分亲切、几分自在的感觉。慈祥的外婆脸上永远挂着温暖人心的笑容，我心中的不安全都烟消云散了。

发现这棵枣树，是来外婆家几天后了。大大的院落中央，有一棵高高的枣树。树干粗壮到你无法想象，即使是我与外婆两人合抱，也是不够的。金秋的时节，这棵树就像精心打扮过的姑娘。风儿吹过，带动着她的绿衣裳，"唰……唰……"地响个不停，这姑娘趁着风劲儿，一个劲儿地摇头晃脑，头上戴着满满的大红珠子，又不时地向墙外伸着，生怕人家不知道她的美貌，向路过的匆匆行人炫耀着。

"走，外婆带你打枣去！"只见外婆扛着根大竹竿，拉起我的手，大步流星地向后院走去。"你躲远点儿，看外婆给你打枣吃！"一下，两下，三下……随着外婆一阵有力地捶打，顿时就像下了一场蜜枣雨，落下来一片又一片。我哪见过这场面，顿时高兴坏了，拿着口袋满院子地接那"从天而降"的美味。头上、身上全是枣，香喷喷的，后院里，也是香飘云天外。

看吧，这阵子的饭桌上，枣子的身影就频繁出现了呢！饭上铺几个枣，汤里放几个枣，洗洗干净就吃，铺到大太阳下晒干做枣干吃……各种吃法，无一不是我的最爱。

可不止我外婆一家种枣树，邻里间照样种。打下的枣分成一箩一箩的，今天送你一箩，明天送他一箩；去别人家串门，临走时总会被揣满满一口袋枣儿。其实枣儿都一样，只是借枣儿传达一份邻里情谊罢了。

这是一段永不漫灭的回忆，这回忆里，有我，有外婆，还有那香甜的枣儿……

核桃的味道

刘　然

夜深人静，我仍坐在书桌前奋笔疾书着，脑袋却昏昏沉沉。

身旁的钟"咔嗒咔嗒"地响着，像是一首催眠曲。终于，睡意袭满全身。正当我快趴在桌上睡着时，我瞥见了放在书桌角上的满罐核桃仁，顿时充满了力量，耳边声声钟的指针的声音也成了鼓舞人心的进行曲。

这一罐核桃是外婆送我的。

外婆喜欢吃核桃，也喜欢带着我一起吃核桃。记得儿时每次去外婆家，外婆都会剥出一大把核桃仁给我。可我那时不喜欢吃核桃，觉得那味儿不甜、不浓烈，便每次都拒绝吃。可外婆依旧把核桃仁伸到我面前，眼里闪烁着光："核桃是好东西啊！吃一点儿吧。"热情难却，我只好拣了一个最小的核桃仁扔进了嘴里。"呸、呸！苦死了！"刚咬了一下，我就把它吐到了地上。"外婆，这好东西还是您吃掉吧，对您身体好！"我轻轻地推开外婆捧着核桃的手，柔声说道。外婆缓缓地点点头，叹了一口气，微笑着说道："也好，也好，我的宝贝儿会关心人了。"说罢，便一口气将一把核桃仁吃了，在嘴里嚼得"咔吱咔吱"地响。到了下一次，外婆还是向我捧来一把核桃仁，还是这样自己吃了。现在想想，那"咔吱"声应该是外婆心碎的声音罢。

长大一些，我渐渐开始学会品尝生活中碰到的"苦味"，便也慢慢接受了吃核桃这件事，而且越发喜欢吃核桃了。

这一次去外婆家，第一件事就是找外婆要核桃仁吃。我兴冲冲地跑进厨房，果然见到外婆在剥核桃。"外婆！"我大声喊着。外婆笑着向我走来，手捧着一把核桃仁："回来啦！来吃点儿核桃仁！"我双手接过核桃，一股脑儿地把它们塞进嘴里。外婆瞪大了眼，有些吃惊又有些开心地问道："好吃吗？"我说："还好，没什么味道，反正我挺喜欢吃的。"外婆笑了，眼睛眯成了一条缝儿："喜欢吃就好！"

午饭后，阳光洒向世界，暖洋洋的一切让人变得慵懒。午睡中的我突然醒来，模糊中听见"咔嚓"的声音，好奇中我起了床，蹑手蹑脚地走到房门口，向外探出头去，客厅中，外婆正坐在沙发上剥着核桃，然后把核桃仁放进了一个大的玻璃罐中。午后暖阳透过窗户爬进了客厅，爬进了玻璃罐，也爬进了我的心中。外婆专注地剥着核桃，几乎连眼睛也不眨一下。玻璃罐中的核桃仁越来越多，外婆的手也因硬邦邦的核桃变得通红，变得更粗糙。我的心像被别人揪了一下似的，酸涩的泪涌到眼眶边。"外婆，您在干吗？"我强忍泪水问道。外婆转过头，笑着说："给你剥核桃仁啊，你不是爱吃吗？核桃对身体好，让你多吃些！"她笑得灿烂，脸上皱起了核桃纹路似的皱纹。装着核桃仁的玻璃罐在光的照射下闪闪发光。

夜更深了，我伸手在罐里拿出一个核桃仁，放入嘴里，细细品尝。这次，我尝到的不是苦味，也不是没有味道，而是一股淡淡的朴素的芳香，它混合着阳光的味道，混着外婆的味道，温暖着我的心。

温　度

鲍　彤

　　我喜欢你手掌心的温度，也特别怀念你手掌心的温度。

　　冬天，银白色的雪花漫天飘飞，轻盈落地，雪姑娘一场又一场的盛大演出，让气温骤降至零下。路上的行人把自己裹得严严实实的，从我视线里匆匆划过，唯有我背着书在苍茫之中守候。

　　我冻得瑟瑟发抖，蜷缩成一团，抱怨着爸妈怎么还不来接我。时间伴随着一片片雪花的飞落而流逝，校门口稀稀疏疏的人群装点着这个似乎不太完美的冬天。终于，一个黑色的身影朝我这边缓缓走来，原本模糊的脸庞渐渐变得清晰——是爷爷！

　　我顾不上寒冷，欣喜地冲过去，说道："爷爷，怎么是你来接我啊？今天可冷了！""是挺冷的。"说完，爷爷牵起我的手。那一刻，我的手似在和煦的春风下融化，我的手在爷爷掌心的温度下逐渐暖和起来，直至微微出了汗，我的手还不愿离开爷爷的掌心，因为那种温热的感觉使我依恋。

　　之后的日子里，只要天很冷，爷爷都会来接我。每一次，我都自觉牵着他的手，不知为何，他的手总是那么热乎，把我冰点以下的双手带进温暖的春天。

　　可是有一天，我像往常一样牵着爷爷的手走在回家的路上，但他的手心却不似往常那般热乎，掌心的温度低了许多，我正奇怪呢，爷爷的咳嗽声提醒了我，原来爷爷生病了。

后来，爷爷病倒了，是肺癌晚期。那天，我们全家都在爷爷的病房。爷爷被病魔折磨得消瘦，面色苍白，他微眯着眼，干枯的身子不能动弹，唯有一双苍劲的双手还有些力气。爷爷突然朝我吃力地挥挥手，示意我过去。我坐在病床前，爷爷用虚弱的声音说道："鲍彤啊，爷爷要走了，不能再陪你放学了，别怪爷爷啊……"

说完后，爷爷竟然颤抖着，用双手包住了我的手，颤巍巍地包住……当时的空气仿佛的凝固了，我清楚地感受到爷爷手掌心的温度。

可是爷爷，您知道吗？您当时掌心的温度低极了，如冰块般的温度，快要冷却了您的生命。我使劲儿地包住您的手，想让我掌心的温度，在您的身体中多余留一会儿，哪怕是两分钟也好。

爷爷，我想念您掌心的温度，是三十七度的那种……

雪夜的守候

黄翔宇

爷爷和奶奶都是老一辈的农民了，可又是一对特殊的农民。因为一次小事故，爷爷的右手被划断一根筋，整只手便有些僵硬，不太能用得上劲儿；奶奶的腿有些不方便，自然不适宜久坐久站，我便成了她的一根随叫随到的拐杖。

年前，父母工作更忙，我就被送到乡下。而那一天，正是爷爷去豆腐坊磨豆腐的日子。

在洒满阳光的下午，爷爷挑着两桶黄澄澄的豆子，踏着积雪出发了。我站在有着一串串脚印的雪地里，奶奶倚靠在院门口，目送着爷爷的背影消失在那弯曲的小路的尽头。只记得那时，夕阳把他的影子拉得很长很长。站的时间长了，奶奶的腿着不了力，便说："来，小宇，扶我一下。"

夜深了，窗外不知何时下起了小雪，在那般滴水成冰，死一样沉寂的夜晚，似乎每一片雪花落地的声音都听得很清楚。和奶奶坐在床上，守候着风雪中夜归的爷爷。她的眼里也写满着焦虑和担忧，一会儿念叨着"你爷爷怎么还没回来呢？老东西不会有什么事吧"，一会儿站起来走到门口伸头探看，寒风吹得她直打哆嗦，我很担心奶奶的身体，把她拉回到屋里坐下，可不一会儿她又到门口探看去了。外面原本柔软的白雪已经冻成了坚硬光滑的冰，原本清楚的路面也早已被无边的黑暗吞没。屋外没有温暖，没有光明的世界，哪怕是一个不小心的假设都能让我胆战心惊。呼出的白气在空中慢慢消失，感觉时间走得好慢好慢。丝丝的寒冷袭遍全身，不安与担忧占满了我的心房，呼出的白气在空中慢慢消失，感觉时间走得好慢好慢。扭头向奶奶望去，她的身体有些颤抖，不知是因为寒冷还是紧张……

063

也不知是过了多长时间，那盼望已久的胶靴声终于真真实实地在我耳边响起，我欢叫着跑下床，打开那扇冰硬的大门。是爷爷那张熟悉的脸，被冻得通红，我心里的石头也仿佛落了地。我们转身进门，奶奶才刚刚走到门边，看见了爷爷，埋怨了他几句，用手掸去爷爷衣肩的雪水。望着两位年过花甲的老人，心里一酸，热泪滚下，急忙转了头，轻轻拭去。

飘雪的冬夜，守着你回家，是一种牵挂，一种贴心的温度。

回　家

郑雨洁

在大城市住久了，往往会怀念那家乡的风土人情，外公外婆的嘘寒问暖，以及外婆那烧的鲜美香甜的"美味佳肴"。

因为学习的缘故，我和爸爸妈妈便搬到城里居住。偌大的房子同时也抽空了我的心，让我在这个看起来十分热闹的城市变得更加寂寞孤独。每当我一个人时，我便会想起外公温暖的怀抱，想起外婆甜美的微笑，还有那我最爱吃的水煮虾。

好不容易熬到了暑假，我与爸爸妈妈一起乘车回到了外婆家。

远远地就看见外公灿烂的微笑和他那格外挺拔的身躯。我顿时觉得空气清新了许多，又想起了以前那无忧无虑的日子。车刚停下，我就打开车门，飞奔向站在巷口的外公。外公也微笑着向我张开了怀抱，把我拥在怀里，嘴中不停地呢喃着："你们终于回来了，可想死我们了呢！"

等父母走近，外公便牵着我的手往巷子里走去。外公边走边说："快走，你外婆在家烧好吃的等你呢，还有你最爱吃的水煮虾！雨洁，来，告诉外公，你在学校过得怎么样啊？学校的饭菜好不好吃啊？有没有听爸爸妈妈的话啊？有没有和你妈闹别扭啊？……"要在平时我肯定会中途打断外公的话，然后满脸不高兴地嫌他唠叨，嫌他啰唆。但今天，我却觉得这一声声问语格外的亲切、悦耳。

刚到家门口，我便闻到了一阵阵扑鼻而来的清香。我一进家门，便直扑厨房，大叫道："外婆，我回来啦！今天烧什么好吃的？"外婆见我横冲直撞，便把我拦在门外，哄着我，叫我到外面玩，以防我被烫到。我站在厨房外，看着外婆忙碌的身影以及她脸上荡漾着的幸福的微笑，心中充满了留恋。

吃饭时，外婆尽把好吃的菜放到我的面前，还不断给我夹菜。呵，今天桌上"山珍海味"应有尽有。又是水煮虾，又是鱼汤，还有一盘红烧排骨……

转眼间，一天就过去了。傍晚，夕阳染红了天空，外公外婆一起来到巷口准备送我们回去。坐在车中，回首相望，夕阳映红了他们那依依不舍的脸颊，也映红了他们苍白的头发；夕阳西下，流不完的是那爱的眼泪，说不尽的是那爱的语言。

065

转身，我遇见幸福

陈　川

小时候的爷爷，永远是记忆中铁青的方脸，略带花白的小短胡子，随时会瞪圆一双铜铃眼的模样……这副标准的"凶神"长相再配上他那倔极了的性格，实在让人害怕。爷爷从小在我的心中就不是一个可以撒娇可以耍赖的好人选。每次他眉尖一挑，我就已经吓得躲到一边发抖去了。

后来，我上小学了，爷爷便肩负起接送我上学的重任。家离学校不过几条马路的距离，可这却成了我的一大块心病，和这个让人害怕的爷爷走过这一段枯燥无味的路程简直是一种折磨。于是，你会看见每天都是一个老人大刀阔斧地走在前面，后面跟着一个背着书包满脸愁苦的小姑娘……

再后来，我三年级了，我终于可以摆脱爷爷，自己上学去了。当时的我，心中喜悦满得都快溢出一般。终于不用再看见他那张铁青的脸，终于不用再忍受他的可怕的训诫，终于不用再委委屈屈地上学了！喜悦像一个气球，越膨胀越大。可当我第二天一个人站在车来车往的十字路口，那巨大的气球如同被针扎破了般，"嘭"的一声炸开。马路上完全是车的世界，一辆接着一辆从我眼前潇洒地开过，留下黑色的尾气耀武扬威。马路对面的指示灯，好像是一个摆设，红灯时当然不能走，绿灯时我也不敢走过去。身边来来往往的行人走了一批又来一批，人潮涌动中，没有人注意到小小的无助的我……我背着小书包，腿都吓软了，手不自觉地握紧……终于，我撑不下去了，"哇"的一声哭出声来。转身，我朝着家的方向，准备不顾一切去寻找救星。

我刚一转身，还没跑几步，就看到了一个熟悉到了极点的身影——铁青的脸，花白的小胡子，一双铜铃大眼，不是爷爷是谁！他站在街边的小石阶上，远远地望着我，神情颇为无奈。当时的我，可管不了那么多，迈着两条小短腿扑向他的怀里，一把鼻涕一把泪地哭诉着。他摸摸我的头，铁青的脸上浮现出一个少见的笑容："还好我一直在后面跟着你，不然你这傻丫头该怎么办哟！"哭得正起劲儿的我一时间愣住了：跟着我一路？可昨天他不还一副什么事都不愿管的模样吗？

爷爷又如以前一样，在前面领路，直到把我送进学校。进校门前，我忍不住又扑到爷爷怀里，抽搭着开了口："爷爷，对不起……

我以前误会你了。"爷爷笑笑，摸摸我的头，转身大步流星地离开了。

从那以后，我仍旧还是一个人上学去。只是我再也不会像那天一样害怕，因为我知道，我的身后永远跟着一个人，在不远处，默默地注视着我。

往往，只是转身时的无意一瞥，心中便会有一股暖流一丝一丝融入血脉，这暖流的名字就是幸福。

忘 不 了 她

叶倩雯

067

每个人的心中都会有一个位子。那个位子上的人是我们最亲近、最爱、最忘不了的人。

我心中的那个位子上的人是我的外婆。

外婆总爱窝在一把老藤椅里，眯着眼睛，身子随着椅子一晃一晃的，很享受的样子。她的颧骨高高的，突兀地有两块红晕，在布满皱纹的脸上显得格外光滑。我总爱轻轻地捏她的脸颊。这时候的外婆，便显得格外孩子气。她爱吸烟，常常把整个房间弄得烟雾缭绕。我对烟味儿特别敏感，或许已经习惯了，我并不觉得呛人，只是丝丝地侵入，是一股熟悉、窝心的味道。我把长大后读到的第一篇关于吸烟有害健康的文章扔到一边，继续待在那烟味儿笼罩的房间——因为我舍不得离开外婆。

左耳里住着个阿凡提

"外婆哎……"我总爱这样叫,在安徽话中就是"婆婆哎……"总感觉有一些嗲味儿。每次肚子痛时,我就在床上翻来覆去地一遍一遍地叫"婆婆哎……婆婆哎"。我有时因为水土不服,总是三天两头生病,病到连自己都厌倦了,她却总是把我抱在怀里,每次都像天塌下来似的手足无措,"我的乖孙女,我的乖孙女",她就这样一遍又一遍地回应我。渐渐地,我便在这单调得有些滑稽的对话中睡熟了。

暑假的时候,我爱赖在外婆的帐子里,外婆的蒲扇吧嗒吧嗒地拍出很凉的风,可我总不能安睡。耳边"吧嗒,吧嗒……吧"声音骤然停止,闷热的空气袭来,我不满地叫道:"外婆哎……"迷迷糊糊睡着的外婆并没有被我叫醒,可她手中的蒲扇却继续有规律地拍动起来,吧嗒,吧嗒……

有些孩子总喜欢窝在父母身边,爱问事情的来龙去脉、是非曲直,我却从小就喜欢找外婆倾诉。我常常埋在外婆的怀里,外婆的身上没有什么老人的怪味儿,只是衣服上有清清淡淡的烟味儿,这味道给了我安全感,这是外婆包容我的味道。

其实,能和外婆说什么呢?外婆是个糊里糊涂的老人,这个城市对于她来说毫无意义,她也弄不懂我的想法,可是那又有什么关系呢!在我打雪仗疯得不知回家的时候,她会塞个热水袋给我;饭桌上,不管有没有客人,她总是一遍遍地把碗盘推过来,恨不得把我喜欢吃的菜全都放在我的眼前;晚上,她总会把被焐热的那头被窝给我。

外婆是不懂得这个世界的,她只懂得爱我。

小时候,我只想做外婆的好孩子,快快乐乐地长大。其实快乐是件很容易的事情,只要努力寻找。我忘不了外婆,因为外婆爱我,所以我的幸福很完整,我好想找一个接近外婆的地方大声喊:"外婆哎……我永远不会忘记你的",还想外婆再暖暖地回应我一声:"我的乖孙女哎……"

我发现了那扇窗

　　从那之后，我便知道：人的心灵的窗户是理解，只有处处充满理解，人与人之间才能架起沟通的桥梁。

　　以后，我再也没有去过那间没有窗户的平房，因为我发现了那扇窗……

尝试推开那扇门

李秋澄

也不知从何时起，我渐渐喜欢上了一个人独处：有时戴上耳机，听着音乐；有时一个人坐在阳台的座椅上，仰头望着天空；也有时喜欢坐在自己房间的椅子上，关上那扇似乎隔绝了一切的门，一个人默默地思考……

五六岁时，我开始拥有了一间单独属于我的房间，因为年龄还小，胆子也不大，所以卧室的门一定要开着，不开着门就睡不着。妈妈每天也是先把我哄睡着了之后再回自己房间的，但不知怎的，有一天，我被梦惊醒，看着那扇不知何时关上的门，吓得我直把头钻进了被子里，吓得不敢出声。

但渐渐地，睡觉开门这种习惯似乎变得无所谓了，甚至有时还认为把门关上更好些，晚上偷偷看书也不会被父母看见。

上了六年级后，父母对我的管教越来越严，他们总是把门关得死死的，就像关闭了我和父母的沟通之门。门这边是无比的寂寥，而门的那一边却是温情满满，他们路过我的房门时总是轻手轻脚，生怕打扰我。就这样，我也极少推开那扇尘封的门和父母交流，他们也不愿我在那边多待，认为我是在浪费学习的时间，而那扇门，也就真的如一个屏障似的隔绝了两边，拉远了我们的距离。在那扇紧闭的房门后，我能"享受"的，不过是一本本厚厚的练习册和一个伴我多年的台灯了。

望着我们都不会轻易打开的门，我似乎该感激它，它让我从幼稚变得成熟，更加独立。可我却怎么也喜欢不起来，相反的，我甚至有些讨厌它，它把我和父母悄悄地隔开了。

此时，夜已深了，昏黄的灯光照着我的影子印在门上，门冲我狞笑，像在嘲笑我的胆小，我真的很想尝试打开它，心有余而力不足……

这门，我是否还会鼓起勇气尝试着去推开吗？

我发现了那扇窗

尹静仪

071

"怎么搞的，这么晚才回家，是不是又出去玩了？"妈妈那质问的话语一遍又一遍地在我耳边回响，"马上要考试了，你还不专心复习！"一层朦胧的雾水笼罩住我的眼睛。"唉，我怎么会生出你这样一个笨丫头……"泪水一滴滴从眼眶中流出来，就如那夏天最后一场雨一般，紧接着便是无边的沉寂。这是今天傍晚发生在家里的一幕，当然，我又一次选择逃离，逃到属于我的那个小平房里。

抬起久埋于双膝的头，眼前的黑暗已全然没有了先前的恐怖，只余下那莫名的和谐与宁静。

这间小平房位于一条巷子的深处，很少有人会经过这里。于是，年幼的我便把这里当作自己的"秘密基地"。不同于其他的房子，这间不起眼的小平房是没有一扇窗户的，也正因为如此，无论白天还是黑夜，里面装的都只是黑暗的使者。

站起身来，环顾四周，我仿佛看到一个个黑色的小精灵在围绕我跳舞，它们跳进了我的心里，带走了那一丝丝委屈与不快。

回到家中，我轻手轻脚推开了房门，手里拎着拖鞋，踮着脚一点点地向房间挪去。"咳咳……咳咳……"是谁在咳嗽？我停下身子，仔细一听，原来声音是从爸爸妈妈的房间里传出来的。我蹑手蹑脚地走到他们的房门口，慢慢地把房门推开一条缝，向里面张望。天啊！妈妈的脸怎么通红通红的？会不会发烧了？顾不得多想，我立即冲进房间，摸了摸妈妈的额头，掌心传来的热量灼热了我的手，也灼伤了我的心。我连忙让妈妈躺下，跑到洗手池边打湿了毛巾，连忙铺到妈妈的额头上。妈妈惊讶地看着我，我被她的目光盯得很不自然，一时不知从何说起，妈妈也一直没说什么，但那眼神却越来越温和。过了好久，我打破了沉默，"妈妈，对不起，我回来晚了。""没关系，我也有错，我对你太凶了。"妈妈无力地说着。"不，不，是我的错，下次我一定按时回家！""没事的，爱玩是孩子的天性啊。""才不是呢……"一声声争执中，我感受到了妈妈那浓浓的爱。

从那之后，我便知道：人的心灵的窗户是理解，只有处处充满理解，人与人之间才能架起沟通的桥梁。

以后，我再也没有去过那间没有窗户的平房，因为我发现了那扇窗……

艰难的决定

章雨晗

估计大家都有这样一个烦恼——父母总是将你和其他人比成绩：考得好时，总给你泼一盆冷水，让你不要骄傲；考得差时，总教育你一番，最终还是让你再接再厉。我也不例外。

有一次我考试考了一个很高的分数，回家后，我将这满含荣誉的试卷放在我爸妈的面前，他们盯着看了好久。终于，爸爸像是发言人一样，说："这张试卷是一次对前段时间学习的检测，这既不能说明你这个科目学得好，也不能说明你以后必定考得好，只能说明你前一段时间学习好，但如果你不及时复习的话，成绩又会一落千丈……"我实在是忍受不了爸爸的这番像律师一样的言论，失望的我拿着试卷一下子跑回了房间。

我躺在床上，心中不停地掂量着，我到底应不应该和他们沟通一下呢。希望立刻跑过去，和他们谈谈，得到理解，消除隔阂。叮是刚准备去，心中难免有些退缩和害怕：爸爸那么固执的人，他能听我讲吗？万一他不听我的，我又要被洗脑一番，好烦啊！但是，这是一次多么难得的机会，我这次考得多好啊！我多希望爸爸能表扬我呀！犹豫片刻，我还是决定起身去，但到门口，我又迟疑了。房间里此时静极了，耳边只听到滴滴答答的钟声，时间一分一秒地过去，我终于下定决心：再不讲就没机会了，尝试了总比没尝试好，总不能让自己遗憾吧。

我敲开他们的房门，走进去，说："我想跟你们谈一谈。"爸爸满脸疑惑地问："谈什么？"我深吸了一口气，一股脑儿地说："我想说，为什么你们总是在我考好的时候，泼我一盆冷水，为什么你们拿我考试成绩与别人相比，这让我失去了原本应有的自信。我不喜欢这样，这使我渐渐地惧怕了考试。"一口气将堵在心口的闷气发泄出来了，心情真的变好了。我发现不知什么时候，爸爸的脸上竟然露出一丝笑容，他笑眯眯地望着我说："其实我们只是希望你考好的时候不要骄傲，把小尾巴翘上天了。我们拿你跟别人相比，也只是进行一个比较对你有更多的了解。如果你不喜欢这样，那我们会换一种你喜欢的方式，好吗？"爸爸第一次没用说教的方式跟我说话。这次谈话在我看来好像达到效果了，我心中平静的水面顿时蹦出水花：没想到沟通这么容易。

那一次，我做出的一个艰难的决定，使我和父母之间得到了理解。也许正是在今后的成长路上，一个个艰难的决定让我得到了成长的诠释。

我 要 试 试

王恩苏

那天，我和好朋友去书店买书，花花绿绿的杂志让我目不暇接，随手抄起一份，便饶有兴致地浏览起来。"哇！好厉害！"旁边的朋友发出一声惊叹，我凑过去，想看看是什么东西值得她大惊小怪。画面上一个头发修得长短不齐的男孩儿映入我的眼帘，旁边还有一个大标题：走出青藏高原的狼。我不禁笑了笑，又是一个抱有幻想的男孩儿，大概对几年前的老歌手老了还心存痴迷吧！"你笑什么！"朋友为那男孩儿打抱不平，"这男孩儿是很厉害的，他写了一本书，就是《走出青藏高原的狼》，而且他真的走过青藏公路，真的接受过青藏高原的考验！""接受过高原反应的考验？"就是这么简单的一句话，不由使我对他肃然起敬。小时候，爸爸也去过青藏高原，没想到才走到半路便退了下来，原因就是强烈的高原反应让他吃不消。爸爸回来以后大病了一场，还瘦了好多。所以，爸爸常对我说："想要走青藏公路，没有一个好身体，根本就不可能。" 我接过杂志，第一段的黑体字让我感到震惊，那是那匹"狼"回来后面对记者说的，"开始时，我爸说什么也不肯让我去，那天，我对他说——那是男人与男人之间的对话——爸爸，我要试试。""我要试试。"这句话听起来并不陌生。其实我也曾多次说过这句话。还是我小的时候，妈妈病在床上要喝水，当时爸爸又不在，我便跑去倒水，仅是这么一个动作，就把妈妈吓坏了。妈妈连连说："没事没事，我不渴。"妈妈不渴自然是假的，怕水烫伤我才是真的。当时，我对床上的妈妈说："没关系，我要试试。"一试其实没什么大不了，倒水就是倒水，根本就没有妈妈说得那么可怕。到后来呢？现在呢？几年来，我几乎每天都在重复未知的但又已知的生活，渐渐地，自己的惰性也就暴露无遗。"我要试试"的闯劲儿哪儿去了？真不敢想象，这样下去，明天的生活我该如何独自面对。我望着眼前画面上男孩儿，依旧是头发修得长短不齐，但我发现他的嘴角还挂着一丝微笑——那是成功的喜悦和对自己肯定的微笑。

当天晚上，正当妈妈对着眼前坏了的柜子叹气时，我卷起袖子，说：“妈妈，让我试试。”妈妈一脸诧异：“你……”我打断妈妈的话，神秘地一笑，说：“妈妈，我不是说了吗？我要试试。”

三分热度饿死鱼

卢月颖

“佳佳，你的小鱼全死了。”我正埋头写着作业，爸爸不知何时来到我的房间。

“哦……啊？小金鱼全死了？”我猛地回过头，满脸不相信地看着爸爸。

“不骗你，不信你自己去看看。”

站在金鱼缸前，我呆住了。我的几条小鱼全浮在水面上，硬硬的。

这些小金鱼是一个月前我央求妈妈在超市买回来的。当时只觉得它们很可爱，后来因为觉得它们有着和我一样的淘气，我就愈发喜欢上了它们。

记得有一次，我因为上学快迟到了，匆忙中忘了给它们喂食。晚上回来后它们就死活不理我。我在鱼缸这边，它们就躲在那边。我跑去问妈妈，妈妈笑着说：“你忘记给它们喂食了吧？它们在生你的气呢！”鱼也会生气？我不太相信。不过抱着试一试的态度，我抓了一把鱼食往鱼缸里一撒，没想到真给妈妈说对了！这些小馋嘴立刻游了过来，边抢着吃还边围着浴缸跳起舞。看它们这样，我真有点儿哭笑不得。

现在它们竟然全死了！它们怎么突然会死了呢？这么淘气这么可爱的小家伙！

一旁的妈妈像是猜透了我的心思说："这鱼是饿死的。你做什么事都只有三分钟热度，这不——喂了几天就不喂了。这鱼不饿死才怪呢！"

噢，对！我猛然想起这几天因为作业多，自己已经好长时间没有喂它们了。

"可是书上不是说鱼不会饿死的吗？"我想为自己辩解。

"可是，你已经半个多月没喂了呀！"

"这……"我再也说不出话了。

我悲伤地望着那个曾经装过小馋嘴们的鱼缸，现在是空空的。

都怪我，都怪我的凡事只热三分钟。

077

战 痘 记

戎 治

还没进入青春期，我的脸上就半路杀出了程咬金——青春疙瘩痘。

刚开始只是一颗小痘痘，如浓缩的草莓般生长在我雪白细腻的脸颊上，不久就如雨后春笋般，痘家族迅速发展壮大起来，好比一支坚不可摧的侵略军在我脸上大肆进攻。它们步步为营，企图吞并天下——哎！可怜我的这张小白脸啊！真是千疮百孔，惨不忍睹啊！

这些小痘痘彻底摧毁了我的容，就连与我情深似海的弟弟都来指着我的痘痘狂笑不止，此笑声震撼天地，有实力与周星驰一决雌雄，"哈哈哈哈，哈哈哈，我终于看到黄土高坡的实景了！"弟弟笑得前俯后仰，已经支持不住趴倒在地上了。"有这么壮观吗？"我摸了摸那已经驻满敌军的半张脸，愤愤地朝弟弟吼去。

受到刺激的我，光荣地升级为"战痘一族"，决心不战死沙场绝不罢兵，与痘痘斗争到底！

为了挽救我这"半壁江山"，我不得不去搬救兵——去请教那曾有一年"痘"龄的表姐，看她那曾经受过"南京大屠杀"的脸上如今已经光彩照人，不禁起了羡慕之心。表姐手挥着衣袖，开始滔滔不绝地向我传经授道："灭痘就要挤痘，且要稳扎稳打，落到实处，不留任何缝隙让痘痘们钻，而且要有耐心……"于是我抱着一不怕艰难险阻，二不怕牺牲精神和痘痘们挑灯夜战。我拿针去挑战痘营，在它们的营地来回搅和着，待痘痘们欲出营反抗时，我攻其不备，双手左右袭击，大战三百回合下来，痘痘们被我打得溃不成军，痘痘的根据地已尽为我灭，我终于摆脱痘痘们的魔爪，出现了"光武中兴"的局面，我长长地舒了口气：终于可以抬头见人了。

好景不长！次日早晨，正在打扫战场的我傻了眼——原来鼓起的疙瘩又变成了一块块红斑，均匀地分布在我的两颊，形成了新一代独特的"风景线"。

又过了几天，痘痘们凭借着超强的繁殖能力，又重新夺回了地盘，开始了新一轮的进攻，"长江后浪推前浪，前浪死在沙滩上"，旧的不去新的不来，旧的刚去，新的随即就来，真是让人防不胜防啊！

兵败如山倒，痘痘们打得我措手不及，国破兵败，我只能束手就擒，任那"侵略者"在我脸上耀武扬威。

哎！到底何时我才能重整旗鼓，推翻痘王朝的统治！可恶的痘痘，还我快乐！

周末"震魂曲"

詹　珣

"哎呀，怎么这么吵？"一阵巨大的声音把我从睡梦中拉了起来。

我火大地从床上蹦了起来，看了一下时钟。"六点半！"我叫了起来，"爸爸！爸爸！快过来。"

没有人理会我。只见床边一张小纸条上写着："爸爸、妈妈去驾校了，早餐在桌上。"我叹了一口气，穿上了衣服。

忽然，一声巨响把我从"迷糊"的状态拉回到了彻底惊醒的状态。

锤子声、钻机声，似乎接到了命令，奏起了"震魂曲"。

我纳闷了——才七点钟不到，楼上就有人开始装修了，那不是扰民吗？无奈我没什么勇气冲到楼上"理论"，只好忍气吞声，吃了早饭。"难道楼上的人良心发现了，决定还我清静吗？"在楼上的"乐手"们休息时，我天真地想："可以写作业咯！"

谁知道，那只是"暴风骤雨的前奏"！我刚动笔不久，"乐手"们又开始疯狂了，就像开演唱会似的。更奇怪的是，我的气愤在它们眼里就像"兴奋剂"，声音越来越大了。

"算你狠。"我嘟囔道，顺手把MP4的耳机戴上了。

谁知这"震魂曲"的响度还挺大，MP4那微弱的抵抗渐渐败下阵来，而我的心里就像压了一口气，无论如何也无法安静地思考了。

"啪！"我从椅子上嗖地站起来，关了台灯。"我斗不过你了，看电视去！"我指着楼上叫道。

谁知这"震魂曲"的电波超乎我想象，它就像海浪，放肆地拍打着我焦躁的心。为什么？经过它的"过滤"，我连电视发出的声音都听不到，只得呆呆地望着字幕来压制我无助又充满愤怒的心情。哎！

到了中午，爸妈回来了，我委屈地向他们"诉苦"。无奈，他们也没有像阿波罗一样的神力，能让"乐手"们停下来。

天哪！我的星期天！我美丽的梦就被这"震魂曲"打破了！

080

这一天，我很快乐

李 燕

好久都没这样了，心中真是无比的畅快。梦寐已久的春游在紧张的考试后及时到来了。

太阳在清风的吹拂中，露出金灿灿的脸庞，将阳光温柔地洒在万物身上。终于出发啦！我坐在车上，趴在窗旁，悠闲地欣赏着窗外的风景。阵阵清风吹来，心头十分惬意。

风儿伴着我，与我一起来到春的故乡——绿博园。正值春日，园中的花草树木显得格外精神。路边的小花清新淡雅，沁人心脾。绿油油的草坪，毛茸茸得像片毯了，茂盛的树木，绿得幽深。顺着小路走，就要到游乐场啦，同学们都有点激动，班级的队伍开始弯得像条龙一样。

此时，天上飘下丝丝春雨，紧接而来的是一场倾盆大雨。雨下了很久，我们坐在湖边，欣赏着真正的江南雨，朦朦胧胧，似云似雾，让原来水平如镜的湖面泛起点点酒窝。也不知时间过去多久，雨停了。

我们赶紧站好队，向着第一个游乐项目地出发——鬼屋。"啊！啊！啊——"一进去，班上同学就被诡异的气氛吓得哭爹喊娘。幸亏我明智，把头埋在前面同学的书包上，用胳膊肘夹住书包，用手捂住耳朵，于是我什么也没看到。不过，同学们的阵阵惨叫一直回荡在我耳边，那叫声真的是比鬼叫还要恐怖，真是"人吓人，吓死人"，想想都让人瑟瑟发抖。

心惊胆战地穿过鬼屋后，我们来到海盗船，这时，天上又飘起小雨。班上的一些人都临阵脱逃，说是玩过，很可怕。我偏不相信，决定待会儿一定要坐在最后一排最边上。

海盗船开始摇得幅度还不大，我只是感觉风吹着雨拂在脸上很凉爽。但是，不一会儿，海盗船摇得越来越厉害，雨打在脸上有些疼，我开始有些害怕。"啊！"船摇得几乎要垂直于地面，我害怕得心都快从胸腔里跳出来一样。虽然保护设施很安全，但我整个人感觉就要脱离了地球，口中一直喊着"快停下吧！"

终于停下来了，惊魂未定的我赶紧跑到下一个地方——旋转飞椅。相对来说，这个项目稍稍有些温柔，坐在上面，还可以惬意地欣赏四周烟雨蒙蒙的雨景，但是雨一直在逗我玩儿，故意蒙住我的双眼。

我坐在飞椅上，享受着一分一秒带给我的快乐，但是，这美好的一分一秒也在悄悄流逝。

这一天，我很快乐。

第一次种植

汤宁轩

　　还清楚地记得，那是一个鸟语花香、桃红柳绿的春天。虽然时隔多年，但那时的情景却历历在目，成为我前进的动力。

　　"又是一年春来到，柳絮满天飘。暖风轻扬桃花红，榆钱儿串上了梢……"我唱着那首熟悉的歌谣，迈着轻快的脚步来到田野上。春风伴随着甜甜的花香，如梦如幻地轻拂着娇嫩妩媚的桃花。刚下完春雨，碧绿的春笋一个个全从泥土里钻出来了，像一群朝气蓬勃的孩子，好一派美好的春之景啊！

　　我心中藏着一个小小的愿望，来到田边，用早已准备好的铲子挖了一个小坑，将已在手心焐热了的一粒牵牛花种子埋了进去。这是我第一次种花，这一粒小小的花种竟承载了我简单而又纯洁的梦想——我希望这粒小小的牵牛花种子能在我的呵护下抽出嫩芽，开出绚丽的小花儿，让我第一次的种植经历画上一个完美的句号。

　　从那以后，无论是艳阳高照，还是风吹雨打，我每天都坚持来"看望"这粒小种子。太阳升起，我给它浇水；春雨缠绵，我帮它挡雨……我希望用我无微不至的爱，去呵护这个美丽的梦想，我期待着它抽芽开花的那一刻。多少个日日夜夜如春水般流走，我的呵护依旧。

　　终于有一天，我惊喜地发现，一株嫩绿的小苗儿，颤颤巍巍地钻出了泥土！看着这个稚嫩的小生命，我激动万分，轻声地念叨着："第一次真好，真美！"我感受到了成功的喜悦与满足。

　　可是好景不长，一天晚上，暴风雨来临了，凶神恶煞般地摧残了这个娇小的生命。一夜间，我美好的梦想化为乌有，望着那倒在风雨中奄奄一息的牵牛花小苗，泪水不争气地掉了下来。那是我第一次种出的小苗，还没看见娇艳的鲜花，就被凶残地扼杀了。爸爸却安慰我说："人生也是如此。"是啊，娇小的生命固然惹人怜爱，可是缺少了抗击风雨的顽强，再美也只能是昙花一现。人生会遇到无数的困难，我们只有勇敢地面对，才能成为笑到最后的成功者！

　　正如泰戈尔所说："上天完全是为了坚强你的意志，才在道路上设下重重的障碍。"我想我定会让我的人生开满鲜花。

第一次，真好

王思聪

　　在去外婆家的路上，大片大片的田野吸引了我。从未见过如此广阔的田野，从未见过如此大片的稻田，我的心中是阵阵欢喜。

　　我迫不及待地下了车，冲进金黄的田野。哇！那金黄的稻谷都齐身高了。漫步在那无边的金黄的田野中，心旷神怡。风儿轻轻地吹，稻子弯下了腰。放眼望去，那金黄色犹如无边的金海在流淌、翻腾，一直延伸到天边。我身入其中，仿佛在大海上漂流。周围弥漫着一股浓浓的香气，那是秋天果实成熟的气息，也是浓浓的乡土气息。

我陶醉在这迷人的景色中，似乎想起了什么。啊，乡村原来这么美，可像我这种自称是农村孩子的人，只贪想城市的繁华美。在城市里成长，又怎能发现乡村的自然美呢？

第一次看到田野，我是多么新奇。其实，生活中有许多新鲜事等我们去探索、去迈出许多的第一步。记得几年前，我怀着一种好奇的心情种下了两颗红豆。从此，我每天给它们浇水。终于，有一颗红豆发芽、成长起来了。看着那绿色的、小小的生命，我充满了无限的喜悦和期待。因为，这是我第一次亲手培育的一个生命。那嫩嫩的芽啊，不停地生长，也引起我无限的喜悦。第一次看着它慢慢地长叶，第一次看到它开出灿烂美丽的花，第一次看着它慢慢地枯萎。一切都那么让人喜悦，也让人伤感。它还没有结果就快到了冬天，停止了生长。但是，我永远忘不了它一开始成长的情景：芽儿努力地张开，向四面八方伸出了长长的茎，茎上又长了许多芽，它不停地向着更高的地方前进。它为了生命，与另一株植物相抗衡，争抢一个花盆的空间。最终，它用自己坚强的毅力争得了领地。

那时，我便明白：只有你不断探索、发现，争取更多的第一次，才能让生命更加精彩。

拔　牙

张　杰

说起第一次拔牙的经历，至今心有余悸。

那是在幼儿园大班的时候，妈妈带我去看外公外婆。

在火车上的时候还没有觉得有什么异常，可到了贵州还没三两天儿，一颗门牙就开始摇摇晃晃的了。

"妈妈，这颗牙怎么动了啊？"我屁颠屁颠地跑到正在厨房里烧菜的妈妈面前。

"嗯？牙动了？来，给妈妈看看。"妈妈蹲下，用手指摇了摇我的那颗乳牙，"哎呀，女儿你要换牙啦！"

"换牙？就是说牙要掉下来了？呜……那一定很疼，我不要换牙！！"那时年幼的我，金豆豆说掉就掉了。

"好啦，好啦，不会疼的。"妈妈急忙哄起我来。

……

"哦？要换牙啦？！好好好，让舅舅来帮你拔！"舅舅知道后，一脸的兴奋样。

"你帮我拔？用什么拔啊？"我则是一脸的疑惑。

"就是——这个！"舅舅从箱子里拿出一个不明物体。

我睁大眼睛仔细一看，啊，原……原来竟然……竟然是老虎钳子！

"啊？用……用这个拔吗？"我一边小心翼翼地试探着问，一边用手捂着嘴悄悄地向后移动，远离那恐怖的老虎钳子！

"嗯嗯，一点儿没错！"舅舅一脸让人毛骨悚然的贼笑，让我感觉背后发毛，一阵冷气"嗖嗖"地吹来。

"不……我才不要呢！"我吓得躲进了妈妈的怀抱。"行了，你也别吓她了。"妈妈终于"挺身而出"，阻止了舅舅。

第二天，就在我几乎淡忘了这件事时……

"来，张杰！"妈妈把我喊来客厅，手里拿着一根雪白的棉线。

"唔……干什么啊？"我充分发挥了好奇宝宝的优良传统。

"拔牙啊，来，过来！"

"啊……不要！"我拔腿就往后跑。

"看你往哪儿跑！"舅舅的一双大手牢牢地钳住我，让我动弹不得。

"来，乖，不疼的哦！"看着妈妈一点儿一点儿地靠近，把棉线缠在那颗快掉的牙上，打了个结。突然觉得妈妈那一脸的微笑，怎么看怎么像要做坏事的"奸笑"。

"啊……"我一个劲儿地叫着，尽管妈妈还没有开始拔。接着，只觉牙床被蚊子叮了一下，那颗末端沾满了血的牙就搬出了"家"。

"你看，不疼吧！你老妈我手艺可是很好的哟。"妈妈一脸炫耀的样子看着正在用温水漱口的我。

我狠狠地瞪了妈妈一眼，露出一脸委屈。

我第一次拔牙的经历就是这么险象环生。

包 粽 子

彭鲲航

虽然离今年端午节时隔数月，但我第一次包粽子的情景却依然记忆犹新。

"五月五，是端午。插艾叶，带香囊。吃粽子，撒白糖，龙舟下水喜洋洋。"一年一度的端午节又到了，虽然现在已经很少插艾叶了，但吃粽子的习俗却一直延续了下来。端午节前几天，人们便开始忙着包粽子了。

我年过古稀的奶奶，是包粽子的能手。我和爸爸开始拜师学艺了。奶奶首先拿了几片粽叶，一交叉，一卷便成了漩涡状。然后用左手捏着叶子的一端，固定形状，右手又抓了一把糯米放进叶筒中，又找了一片粽叶封口，然后用线三绕两绕，再打了个结就包好了一个模样秀气的粽子。

原来如此简单！我迫不及待地拿了两片粽叶开始包了。但我只能卷成筒状，而始终卷不出漩涡状。可爸爸已经卷好，便揭示秘诀："手要倒转呈圆形。"我就试了试，果然好使多了。

接下来放糯米了，奶奶坚持让我放干糯米，包好了再打湿。可我却嫌麻烦，直接用湿糯米。湿糯米十分黏，黏满了我的手。由于手上粘了太多的糯米，我只好松开另外一只手，来处理手上的糯米。可刚卷好的漩涡状的叶筒散了，只得头开始，真是"不听老人言，吃亏在眼前"啊。这次我学乖了，老老实实地用干糯米，总算放好糯米了。

接下来是封口了。可我包的粽子开口太大，封了左边，右边的米却如临阵逃脱的士兵直往外钻。无奈，根基不好，只好再重来。第二次包的口开得还是太大了，吸取教训，再来，终于第三遍时好多了。我想这次封口应该没问题了吧，大问题的确没有多少，但小问题却十分棘手。糯米十分淘气，东一粒西一粒，有的乖乖待在叶筒中，有的趴在叶子上，有的把叶边当滑滑梯，滑了下去，有的则沿着粽叶跑到地上、手上……为了阻止它们的逃跑行为，我胡乱地将它五花大绑，打了个死结，就将它下锅。

虽然我包的粽子在众多秀气的粽子中格外显眼，但我还是焦急万分，迫不及待地找奶奶要粽子吃。终于等我在厨房转了无数个来回之后，粽子起锅了。奶奶特地拿了我亲手包的粽子给我吃。拨开粽叶，一股清香扑面而来，我细细品尝着我劳动的结晶，心中很是甜蜜，甚至觉得这是我吃过最美味的事物了。

一次包粽子的经历让我明白做事要讲究方法，还要有耐心，不怕失败。

088

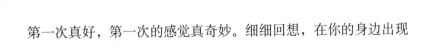

一次甩绳的经历

王雅婧

第一次真好，第一次的感觉真奇妙。细细回想，在你的身边出现了多少"第一次"，又有多少的"第一次"给你留下了不可磨灭的印象？

小学五年级，我有幸被选入参加长绳队代表学校比赛，经过选拔，我留到了最后，成为正式队员。正当我勤加练习，跃跃欲试的时候，老师却把我的任务变成了甩绳。顿时，我的心从喜悦的云端掉到了冰冷的山谷，怀着郁闷的心情回到家中。经过很长时间的思想斗争，却还是不能坦然接受。因为在我看来跳绳的人最受重视，而甩绳的人只不过是配角罢了，我甚至想到了放弃。

怀着这个不平的心理，开始了我第一次甩绳的经历。一开始我只是抱着敷衍了事的态度去做，手臂不用劲儿，绳子甩得软绵绵，跳绳的人都在我的这种技术之下纷纷落马。看着他们失望焦急的神态，我也揪起了心，一连几天都愁眉不展。终于，我忍不住了，要求老师换人。老师了解情况后，语重心长地对我说："其实成功是指把一件事做好，而不在于做的是什么事。"我恍然大悟，决定要做一个成功的甩绳者，我鼓足劲儿加入了训练。

可是没干到两天，我就发现甩绳其实是个累活。原来以为他们只要动动手就行了，站在那儿不动，不费什么劲儿。真正做起来才发现甩绳比跳绳累多了，二十个人跳绳，一圈下来，他们跳一下，我要甩二十下，而且三分钟里没有一秒钟能够松懈，这下可累苦了我了。每天的训练下来，别人是腿疼，我却是四肢僵硬，浑身都疼。尤其苦了我的手，一只手累了，就两只手交替甩，甩久了，手都不听使唤了，连笔都拿不好；站在那，动都不能动，因为怕他们因为我的移动而跳不过去，所以一站就是很长时间，一直站到腿都麻了，没感觉了。我在心里叫苦不迭，每次想要放弃时，我都会想起老师的那句话，我又鼓起了勇气，坚持下去。

渐渐地，我发现我喜欢上了甩绳，每当看到别人在我甩的绳子底下轻松跳过去时，我心中就会有很强的自豪感。听着老师和同学对我的称赞，我甚至认为我的位置是别人代替不了的。我时时把握着节奏，注意别人的步伐，让绳子快乐地起伏着。终于我校在比赛中取得了不错的成绩，老师还特别夸奖了我呢！

从那以后，我仿佛长大了，我明白了：不论事情大小，只要努力去做，用尽自己的全力去做好它，就能在这微不足道的事情中绽放出自己的光彩。

第一次看大海

潘锦玉

090

我非常喜欢大海，但只在电视上见过。妈妈对我说过："有一天，我会带你去看大海！"那时，我心里就埋下了梦想的种子——我要去看大海！

三年级的暑假，我的梦想终于实现啦！

我和妈妈跟着旅行团到浙江普陀山玩，导游阿姨告诉我们行程中有一项重要活动就是到海边玩。我高兴极了！我欢呼着对妈妈说："妈妈，我要到海边捡很多很多的贝壳！"

经过五个小时的车程和二十分钟的步行，我们终于要到大海边了，我们顺着弯弯曲曲的山路向南边走着，路两边有不少小商贩在卖东西，摊上儿的东西可有趣了：有贝壳粘成的小狗、小猫，有各种形状的海螺，有漂亮的石头穿成的手链……可这些都吸引不了我，我心里一个劲儿地说："快点！快点！快到海边去！"我似乎听到了海浪在向我招手，我似乎闻到了夏风里有海的味道。

当走完最后一段石阶，向远处望去，我呆住了：那不就是大海吗？黄色的沙滩，蓝色的大海，一群群快乐的游人正在与海浪嬉戏。虽然我一直认为大海应该是湛蓝湛蓝的，但今天天公不作美，天阴阴的，我只能看到深蓝的大海像一面镜子卧在那儿。

我赶紧甩下鞋子，不顾妈妈的叫喊，直接撒起脚丫向大海奔去。

沙滩真软啊！细小的沙子像一个个小精灵在我的脚丫间玩耍，有的在我的脚底下挠痒痒，有的贴到我的脚面上给我做脚膜，呵呵！真舒服！

我快速奔向海边，朋友已经在向我招手了，可我因为速度太快，脚下一打滑，只觉得身子一歪，我便坐在沙滩上了，这时正好一个海浪打了过来。哇！水真凉！有几个小水珠跳进了我的嘴巴里，我赶紧"呸""呸"地吐了起来——海水真是太咸了！我手脚并用地爬了起来，这时传来了妈妈的笑声，周围人也看着我哈哈大笑。我低头一看，原来啊！那一跤把我摔成了水鸭子，裤子上的水正不断地往下落，可不就像花果山的水帘洞！

后来，我和朋友在海边学大人们的样子，不断地向前跑着去迎接海浪。说来也奇怪，海水安静起的时候像软和的棉花被绕着我的脚踝转，可发起威来，像只暴怒的狮子，一次次地卷起一层层浪花向岸边的人们袭来，于是岸边就不时有人们的大声尖叫，我也害怕得直向后躲。远远地，我还看到海浪里有几个黑点随着浪花高低起伏，别人告诉我那是冲浪的人！我不禁对他们佩服万分：勇敢的人是不怕任何风浪的呀！

第一次看大海，感觉真好！

我发现了那扇窗

挤牙膏的哲理

甘紫菱

今天是平凡的一天，却发生了一件不平凡的事。

早上，我正准备刷牙，但发现牙膏没了，就高声嚷嚷："妈妈，牙膏没了！"妈妈正在做早餐，随口应付道："再将就一下吧，我等会儿去超市买。"

我"哼"了一声，无奈地转身拿起牙膏，使出了吃奶的力气，挤呀挤，挤呀挤，过了一会儿，终于感觉牙膏快被挤出来了，我长长地呼了一口气，心想终于能刷牙了。可挤到头时，竟然只挤出了一个泡泡来。我大失所望，大叫"真可恶"，连牙膏也敢耍我！不过我可不服输，心想：这里面一定还有牙膏。于是我左挤挤，右挤挤，快要挤到头时，牙膏竟然掉到了地上，我原本欣喜的眼神黯淡了下去。但我仍旧像个打不死的蟑螂，继续奋战，"我挤，我挤，我挤挤挤……"我一边挤一边念叨着。最后牙膏终于被我挤出来了，"哈哈哈"，经过我的屡战屡败，屡败屡战，终于战胜了这个可恶的牙膏。

这时，我突然发现妈妈就站在我的身后，脸上露出满意的微笑："孩子，不错，对待困难就应该这样，不屈不挠，不被小小的挫折打倒。在学习上也应该这样哦！继续加油！"我对着妈妈嬉皮笑脸："我只是想尽早刷牙而已。"随后我转过身，忍不住轻声哼起来：

"嘻唰唰，嘻唰唰……"

刷着刷着，我忽然想到，其实在生活中类似的事也很多：当我在学习时，总是感觉很疲惫、很枯燥、不耐烦，无数次想要放弃，但是当学习任务完成以后，觉得其实也没什么，心中反而觉得很满足；作业多时，感觉怎么也完不成，可真的静下心来，不一会儿也能做好。"世上无难事，只怕有心人"，说得一点儿也没错。不论是在学习还是工作中，我们都要有耐心，要持之以恒。不管遇到多大的困难，多难逾越的鸿沟，都应不断尝试，不断进取，尽自己所能去战胜它。世界上本没有困难，所有的困难都只是人们畏惧而造成的。

这次挤牙膏让我懂得了：万事皆有其解决方法，只要坚信困难是可以战胜的就一定会成功。一定要相信自己。I can!

永不漫灭的回忆

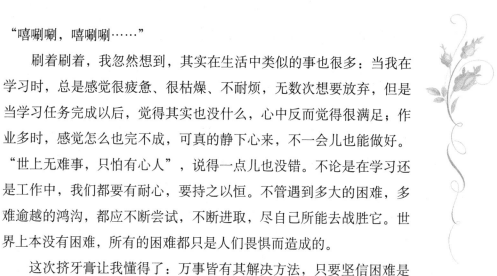

夏奇正

愉快的暑假来了，阳光明媚，我在街上随处转悠着。街上车辆人来人往，突然，几辆自行车从我身边闪过。那一阵风，像一把钥匙，打开了我记忆的大门。

那是去年暑假。我见班上的同学有的是自己骑自行车上学，也不好让家长再送，便嚷着要学自行车。车买回来了，我迫不及待地去学。

爸爸不太放心，陪我来到没有人的路上，开始练车。我笑盈盈地看着油光闪闪的柏油马路，信心满满。爸爸先骑了几遍给我看，然后把车把递给我，"会了吗？"我点点头。

然而，看似简单的动作却还真不简单。光是上车就给了我一个下马威。我笨拙地把腿迈过去，花了好大工夫才坐上车座。手抓好车把，便开始踩脚踏，车一开始走，笼头便完全不听我的话，像一匹脱缰的野马，左右扭动，剧烈摇摆。我急忙集中注意力去控制笼头，脚便慢了下来，只再滑行了几米，便重心不稳地开始东倒西歪。我却总是顾头不顾脚，难以一心两用，正手忙脚乱，猛一抬头，眼看要撞上路边的杨树。慌乱中的我，并没反应过来，不刹车，反而使劲儿踩了一下脚踏。车猛地向前一冲，意识到情况不妙，我下意识地把笼头猛一扭。"啪"的一声，惨烈地摔在地上。胳膊肘疼得钻心，被擦掉了一大块皮，渗出了细小的血珠，身上的衣服也弄脏了。我气呼呼地看着自己狼狈的样子，又开始学车。那时心绪不平，精力就更难集中了，于是，结果只有一个：一次比一次摔得更惨烈。

一小会儿工夫，我便筋疲力尽，而此时，身上的伤口在阳光的照耀下，像被小刀在割一样，更疼了。我一屁股坐在了马路边，咒骂道："什么破车，我不练了！"一抬头，看见父亲默默地站在那儿注视着我。目光那么平静，平静到让我羞愧无比，那对失败者同情的目光，让我愈发不甘。一阵风吹来，吹干了身上的热汗，更抚平了我烦躁的心。

我默默地扶起车，又继续练习。再摔，再练，再摔，再练……那条路好长，就像没有尽头一样，我在路上前进，跌倒，却不再彷徨——起来，继续前进……

一个小时后，我终于学会了。瞬间啊，一种莫大的成就感涌上心头，可我只不过学会了一件小事，甚至可以说是小到微不足道的一件小事。

后来，我终于明白：那个永恒的夏天，没有尽头的柏油马路，让我学到的不仅仅是骑自行车，更是在哪里跌倒就在哪里爬起来的精神！

　　哦，明媚的阳光、油光闪闪的柏油马路、路边挺拔的白杨深深地烙在我的心里，成为永不漫灭的回忆。无论我困惑或沮丧，想起它，天空就会晴朗……

怀着希望向前走

查雨湉

　　今天无意中与人谈论到自己的特殊经历，我脑海中便浮现出暑假在奥体的那个恐怖的晚上。

　　那天下午，我和姐姐一起去奥体游泳。似乎是玩得太投入了，竟然忘记了时间。从游泳馆出来时，天已经黑了，我和姐姐还沉浸在刚才的愉快中，在小超市买了些零食，一边走一边吃还一边聊天。

　　"今天那个学游泳的妹妹好可爱！""是啊，还做飞吻了呢！"不知不觉，在闲聊中过去了二十分钟，脚开始有些酸了。我便抱怨到："怎么还没到出口？""奥体大嘛！"我想想也是，便不再嚷嚷，继续和姐姐聊天。

　　忽然，我瞄到了那个似曾相识的17号入口，心里很疑惑，不是已经走过了吗？不过我也没在意，以为是自己眼花了。

　　十五分钟以后，我又一次看到了黑暗中朦胧的"17"。手中的矿泉水瓶子"啪"地掉地了，不停地向前滚着。"姐，姐，你看，

我发现了那扇窗

又……又是17号！”我不由得抓紧了姐姐的衣服，内心的恐惧已经让我有些说不出话来。“啊！我们在绕圈子！”姐姐明白过来，她看我被吓得不轻，便搂紧我的肩膀，笑着说："你还怕咱们出不去了！”但我分明从她的眼睛里也看到了恐惧。

我们这下开始小心地向前走，关注着身边的每一处建筑，但是天太黑了，我们根本看不清楚。那么大的地方只有我和姐姐两个人，我俩的手握得更紧了。

当我第四次看见那可恶的"17"时，我的心理防线彻底崩溃了，蹲在地上，泪水不断地从眼睛里涌出。模糊中，每一座高楼都变得狰狞起来，似乎会有无数凶猛的野兽破门而出，将我和姐姐变成它们美味的晚餐。小虫子在我耳边飞来飞去，似乎在嘲笑我，恐吓我。我望着不远处灯火通明的大街，觉得它好像海市蜃楼，虽然近在眼前，却是怎样追赶也触摸不到的，甚至觉得它会消失在黑暗中。

"长大了可没人保护你，所以你要什么都不怕！”姐姐抱了抱我，对我了这句话："我们充满希望地向前走吧！”

终于，我们遇到一位散步的老爷爷，好心地将我们带到了大门口。

当我走出大门，来到热闹的大街上时，就像是重获生命的严重病患，高兴得疯了，又是跳舞，又是唱歌，比任何时候都要轻松。

回到家，我把事情说给妈妈听，妈妈笑着说："所以啊，任何时候都要怀着希望，只要相信前方是美好的，就可以赶走一切困难！”

哈，可不是！所以，在任何时候都不能放弃，一定要怀着希望，向前走！

那　一　夜

吴轶凡

期中考试，不幸落败。

周五晚，我依然玩着我所喜欢的电脑。因为在这个虚拟的世界里，我不用顾忌我的身份，不用去想着那面目可憎的分数，即使是陌生人也可以真心交谈，互相交流，成为好朋友。只有在这个时候，我才能感觉到轻松自由。

可是老爸却一再以我考试没考好为由不准我玩，我一下子就恼火起来。一气之下，我骑着车离开了家。那时，天都黑了。

街上热热闹闹，路灯的光在我的眼泪里交织着。路人与我擦肩而过，陌生而冰冷。我加快车速，希望能在这个熟悉的地方找到一丝温暖。

晚上的东山有点儿冷，寒风从袖口钻入了衣服里，双手也渐渐地没了知觉。不由得想起这时妈妈该回来了吧，桌上肯定摆满了我喜欢的饭菜，妈妈说今天晚上要为我加餐的。可是我的怒火却让我坚持下去，不认输。城市的夜好亮好亮，但我的心灵被黑暗包裹着，压抑而寒冷。我看不到我的影子，更看不清我自己。

我不停地问自己人生到底为什么而奋斗，难道就为了那分数吗？

坐在街头的座椅上，我想起父母那生气的样子，我想起那永远抹不去的分数。还有什么值得我去骄傲，我还怎么去面对老师与父母？几次站起来想走，都觉得脚下轻轻的、空空的。

冷冷的夜里，在广场上还是有很多人。很多的小孩子在这玩耍，他们踏着自己的龙板、轮滑玩得很开心，和曾经的我如此相似。突然，我发现了一个奇怪的小孩子，他在那里学着龙板。刚站上去，就跌了下来，他的父母赶忙过来扶他，一看就知道是初学者。站上去，跌下来，又站上去，又跌下来，反反复复。每一次尝试，都会面临一次失败。我在心里开始嘲笑他拙劣的技术，甚至想告诉他这样只是浪费时间。可是奇迹发生了，他能站上去了，不摔跤了，甚至能慢慢地移动了。我有些惊愕，对他肃然起敬。他没有因伤口而哭泣，没有因困难而放弃。他没有那么远大的目标，却拥有永不放弃的动力。我想起我学自行车时的样子，每一次尝试，每一次受伤。坚持不懈，最终我学会了。那么学习，人生是不是也是如此？

没错，并不是获得伟大的成功才是人生真正的意义。每一次付出，每一次获得，每一次在困难面前不屈，就是人生的意义。

098

我的心豁然开朗，推起车向着家的方向。

有风雨真好

　　可是有了风雨，晴空与彩虹才能显得更加珍贵。当千万缕的阳光透过未消尽的乌云斜射下来，才能感受晴的美好，可这一切，都是因为风雨的存在。

　　因此，我们为什么不感激风雨呢？

菊 花 脑

周文邦

我家阳台上有一盆菊花脑，这是春末夏初之际，用在菜场买来的菊花脑叶插成的。未曾想，这群顽强的小家伙竟活了下来。如今已经入秋，天气也渐渐转凉，菊花脑也到了开花结果的日子，叶子已到了老得不能吃的地步，妈妈便砍去了它们中的大部分，仅仅留下两株，说是为了留籽。

我不得不承认留下的两株丑到家了。干粗的茎盘曲着向上，在稍许能多见着点阳光的地方又杂乱地生出许多枝蔓。宽大的老叶已不再像当初那样生机勃勃、青翠碧绿，它似乎已经完成了它的使命，有的已是花白，有的早就枯黄，并且有气无力地下垂着。

看到这儿，我不禁感叹生命的短暂，仿佛菊花脑的生命已走到了尽头……我准备转身离去，就在转身的瞬间，我发觉，我错了！

我看到就在那枝蔓的分权上，新抽的嫩叶依旧在迎风飘扬！再往上看，啊！一个个含苞待放的花骨朵缀满了枝头。菊花脑把它全部的生命力都注入了下一代的身上。菊花脑老了，可它的枝头依然生机益然。苍老的叶片就要完成它的使命，它把所有的希望都寄托在了下一代的肩上。

霎时间，我明白了什么是"可怜天下父母心"，我们的父母何尝不是如此？

瑟瑟的秋风中，含苞待放的花骨朵在笑，枯黄斑白的老叶也在安详地微笑。

有风雨真好

陈清秋

盛夏，望着窗外的雷声隆隆，乌云密布，这样的景，不也别有一番风味吗？

记得以前读过那首《六月二十七日望湖楼醉书》，"黑云翻墨""白雨跳珠"，该是怎样一幅波澜壮阔、蔚为壮观的景象啊！只是那时我不懂，雨过天晴中的"天晴"必将经历大风大雨的考验。

有一次在玄武湖欣赏荷花，一顷天边的绿色中，突显出粉红的荷花是那样纯洁、淡雅，湖中的淤泥有些浑浊，不过这更显出荷花的高洁了吧。

夏天的风雨总是来得猛烈，一阵风刮过，太阳随即就被乌云掩盖，阳光再也透不过密密的云层了，大雨倾盆。

我和父母在小亭子中，望着灰暗的天空，我不高兴地说："这荷花我还没细看呢，就下雨，让我怎么欣赏嘛？"爸爸妈妈只是笑笑，抬眼望着远方，什么也没说，仿佛陶醉在黑、灰、白的景色中。

我也好奇，学着他们，将目光放远，欣赏这索然无味的风雨之景。

可是当我凝神静心用全身去感受这狂风骤雨时，我惊讶地发现，这也是一种美，一种不易发现的美。当我看多了晴空万里，天高云淡的安适与慵懒时，风雨雷电何尝不是一种别样的美呢？天气骤变，大雨倾盆，不也是一种别样的感受吗？

我边观望边思考，可还没让我细细欣赏的风雨转瞬即逝。一碧万顷的荷花更妩媚多姿，几片花瓣凋落，盛在荷叶中，更显一种清新脱俗的美。

如今我再读苏轼，"黑云翻墨未遮山，白云跳珠乱入船。卷地风来忽吹散，望湖楼下水如天"，反复吟诵，我竟感到了不一样。是作者的豁达开朗，以欣赏的眼光去看周围一切美的事物，才会有如此别样的感受。

在他的人生历程中，一定会有各种困难与失败，是不是就像那风雨交加，总会在经历后展现出别样的姿色？

所以，在作者的笔下，一场呼啸而来的风雨也是一种情趣，虽然它阻碍了欣赏那一池碧荷，可是有了风雨，晴空与彩虹才能显得更加珍贵。当千万缕的阳光透过未消尽的乌云斜射下来，才能感受晴的美好，可这一切，都是因为风雨的存在。

因此，我们为什么不感激风雨呢？

那个冬天

高　阳

我的冬天到来了。

并非漫天飞舞着鹅毛大雪，也并非北风呼啸、滴水成冰。恰恰相反，此刻正值盛夏，骄阳似火，野花繁星般地散落在草丛中。可我心中却寒气逼人，处处死气沉沉，没有一点儿绿色——父母如晴天霹雳的责备声依然在我耳边回荡。眼前时不时浮现出他们火冒三丈的身影，我痛苦地闭上双眸，夺路而逃。

不知过了多久，我的眼前出现了一个小公园，我也没多想，就走了进去。

公园里绿树成荫，随处可见精致的亭台楼阁和随风起舞的月季，可这却丝毫没有引起我的兴趣，走了许久，我感到身心俱疲，便坐在一块大石头上休息。

不知是怎么回事，自我四年级以来，英语成绩忽然直线下降，竟然变得一塌糊涂，巨大的打击让我变得不知所措，爸爸妈妈对我的表现十分失望。这些天里，家里成天阴云密布。

一阵风儿吹过，一片树叶静静地飘落在我膝间，我凝视它良久，一阵风又将它轻轻卷起，送向远方。我不觉想用手挽留住它，可在我指间的，只有空虚的风。

我的泪水溢满了双眸，轻轻划过脸庞，那一瞬间，我看见的不仅是凋零的落叶，更是我曾经拥有但已逝去的成功。

"小姑娘，你怎么哭得这么伤心？"我循声望去，只见一个白发苍苍但笑容可掬的老爷爷不知何时站在我身旁。我直起腰来，平视远方："老爷爷，夏天为什么树还会落叶呢？""哦，你是说这棵树呀，它是我在去年冬天才移栽过来的，今年自然就会早些落叶了，移栽的树一般都会这样。"

我不禁抬头去看，天啊，这是怎样一棵树啊，纤细的树干，歪曲的树枝，已经开始泛黄的叶子，一副弱不禁风畏畏缩缩的样子。我忽然感到心头一震，不禁脱口而出："它怎么熬过冬天呀？""因为它有希望呀！"老爷爷意味深长地说："它渴望春天，渴望生存，它永不放弃生的希望。"

"只凭希望吗，希望真的能赋予它这么大的力量？"我半信半疑地望着这棵看上去不堪一击的树，摇了摇头。这时，他指着树梢欣喜地叫道："瞧啊！"我循着他的目光望去，不禁一颤：只见那树梢上泛着一层银箔似的白光，啊！是一丛刚刚萌发出的嫩叶，看上去是那样的娇嫩，漾着晶莹的光泽。"看来希望不仅帮助它渡过了难关，还使它重生了。"瞬间，那莹莹的光芒似乎射进了我灰暗冰冷的心，眼前那根根枝条似乎射出道道生命的绿光。"连这棵树都可以傲然屹立，不惧风雪，我难道不行吗？"我的嘴角轻轻勾出一个坚定的微笑，顷刻间冰雪消融，内心充满了如春般温暖的希望。

哦，那个充满希望的冬天！

桂

陈昱玚

　　漫步于幽静的校园小道中，不管是参天大树还是矮小树丛都井井有条地排列在道路的两旁，放眼望去，满眼的绿色令人心旷神怡，连周身的浮躁似乎都被治愈了。

　　蓦然抬眸，那棵小桂树映入眼帘。

　　为什么唯独看见了它？或许是十一月的天气闹了脾气，不声不响降下今年第一场飞雪时，它仍坚强地站立着吧。虽是路旁的一棵小小桂树，但却绝不平凡。它很努力很努力地寻找着阳光，拼命地让自己的枝丫舒展到阳光照耀着的地方，是希望有朝一日能长成参天大树，让人们有一处荫凉？是想早日绽放出属于自己的繁华？它的姿态让人相信纵使需要十年、二十年，甚至是一百年的光阴，它会仍然默默地努力与坚持，从不言弃。不求他人的称赞，也不跟百花争艳，只为留下一些美好的记忆，证明自己曾经存在过的痕迹。

　　虽然没有菊花的娇美，没有枫叶的鲜艳，没有梅花的傲然，但是我想，待到秋日的第一缕清风吹过它的树梢时，它定会不负众望地开出花儿来。微不足道，却是如金子般耀眼，就像秋日里的一丝暖阳，给人以温暖与幸福，不浓烈，不刺眼，却直达人心。它的香会绵延十里，伴你入梦，它的甜会侵入口中，给予你一场味觉盛宴。

在不知多少的桂树中，那棵小桂树是其中极不起眼的一棵，却给人一种生命的启发——小生命，大能量！

冬天的到来虽让它凋零，却没有让它绝望。寒风刮过，在最后的花朵随风飘落之时，我仿佛仍听见一个声音在说："嗯，明年的奇迹，依旧会再现。"

爱，让我成长

钱　茜

记得在一个周六，我早上要去上书法课，但发生了一件事让我永生难忘。

那天早上，太阳还没露脸，我便早早地起床，准备洗漱后看书。在经过客厅时，我不经意一看，呀！餐桌旁有一个身影！仔细一看原来是妈妈，当时妈妈正趴在餐桌边睡觉，手里还紧紧地攥着一个手机。我上前推了推她，准备让妈妈回房间睡觉，可是妈妈很不耐烦地用手推开我，闭着眼睛说："干什么呀？烦死了，我知道昨天是你烧的早饭，我一会儿烧，再趴一会儿。"哈哈，我昨天可没烧早饭，妈妈把我当成爸爸了。

笑着，笑着，我感觉有点不对劲儿。难道说，爸爸妈妈一人一天轮着烧早饭？为了我？他们竟然这么早起床？要知道，我早饭每次吃的可不多，何必呢？

接着，妈妈又说："这丫头嘴刁，每天早上就吃那么点儿东西，再不搞点营养的，上学身体会跟不上的，前两天胃又不舒服了，看着她不舒服，我都心疼死了。"我当场就愣住了，原来我在妈妈心里是那么重要，妈妈为我做了这么多，我好像每次都不领情，早饭只吃一点儿，还嚷嚷着不好吃。

看着迷糊的妈妈，我赶快拿来一条毯子为妈妈搭上，同时也在心里做了一个决定：今天我来烧早饭，将妈妈的手机拿起来看了看，原来设了五点三十分的闹铃，我"大方"的将闹铃调制六点三十分，便进厨房"忙活"起来了。

煮粥，火腿肠炒黄瓜，煮鸡蛋，榨豆浆，热牛奶这些看似简单的事做起来可不简单，更何况妈妈还在客厅里趴着，还不能搞出太大的动静，不过我还是很快完成了。

早上六点三十分，我躲进了房间。果然，敲门声响起，一开门，一个大大的拥抱朝我扑来，只听妈妈激动地说："乖宝贝，早饭是你做的吧！真好，你长大了！"

"长大了"这句话在我心中荡漾，原来这就是长大呀！真好，这感觉真棒！我在心底暗暗地呐喊："我以后要多多帮妈妈分担家务！"因为，我长大了，我成长了！

107

成长，是一首歌

陆梓铖

每个人都有着成长的经历，一次次的成长就如一支支动听的歌，

有风雨真好

使我们受益匪浅。

就在不久，我与妈妈去爬紫金山。那天，春光明媚，鸟语花香，我对这次活动充满了信心。

我快步向上爬着，早已经把妈妈甩得老远，我好像有使不完的力气。

渐渐地，我的呼吸越来越急促，脚步也没有刚开始时那般轻快。我以为山顶已经不远了，所以坚持着。这时，身后走来两个年轻人边走边说："这才走了一小半，上山的路还远着呢。"我呆住了，山顶离我还很远，很远。肩上的包压得我喘不过气来，欢快的心情也烟消云散，双腿好像灌了铅似的，怎么也使不上劲儿了。我选择了放弃，坐在一个石凳上。

妈妈赶上了我，来到我身边对我说："你打算半途而废了吗？就凭你这点斗志，今后还怎么攀上自己的人生之巅呢？"随后留给我的是一个背影。我也很想登上山顶，但我实在太累了，脚又酸又疼，根本抬不起来。

这时，一个老婆婆从我的面前缓缓地走过，她的收音机里正播放着羽泉的《奔跑》。"难道我都比不上老婆婆吗？""哪怕遇见再大的风险，再大的浪……"我不禁大声唱了起来，信心也油然而生。

我从石凳上站了起来，一步一步地向山顶走去。不知道经历了多少次沉重的喘息，我看见了一个身影，妈妈正站在山顶上等我。

山顶上一派生机勃勃的景象，美丽的花草竞相开放，一阵微风吹过脸颊，空气真新鲜啊！俯瞰整个南京城，突然我心中涌起一种成就感。耳边响起了"阳光总在风雨后，请相信有彩虹……"啊，我终于克服了困难，迈向了成功。

这一刻，我成长了。我明白了：只有付出努力，坚持不懈，才能到达胜利的彼岸。

成长，犹如一首充满豪情的歌，唱出了我们精彩的人生！让我们把握住成长，唱响自己的成长之歌！

圆 梦

程 伟

三年级的时候，我最喜爱看《草房子》。书中描写的农村生活和书中一个个鲜活的人物，深深地吸引着我。这本书的作者曹文轩也成了我最喜爱的作家。

我梦想着能见到曹文轩！但这对我而言只是一个虚幻的梦。

四年级时，我得知校园文学社每年都会举行签名售书的活动，便兴致勃勃地报名参加了校园文学社。我幻想着自己的写作水平不断提高，从而获得和作家们面对面交流学习写作的机会。但由于对写作文缺乏经验，作文只浮于表层，我的写作水平并未有太多提高。因此我一度产生退出文学社的想法。

我曾经积极向广播站投稿，但却从未被采纳，为此，我很懊恼。夜渐渐深了，夜空中繁星点点，闪烁的星星似乎在对我眨眼睛，又像是在嘲笑我。我感觉脑海中一片空白。只能在桌上随手翻一本书。曹文轩的《草房子》又出现在我的视野中。我翻到书的末页。上面写着："观察源于生活"。回想到这本书的内容，正是因为贴近生活，语言朴实，我才爱上了这本书。带着对曹文轩的向往，我又开始了对作文的学习。

我又踏上了刻苦学习的道路。我一边阅读课外书籍，一边请教老师。通过曹文轩的作品，我开始将生活中的素材一点一滴地积累下来。

随着时间的推移，我终于成为一名真正的文学社成员。一个令我意想不到的喜讯传来了：曹文轩要来我校签名售书，指导写作方法！我心花怒放，盼望着时间过得快点。

窗外的树叶一片又一片地落了下来，曹文轩终于要来我们学校了！

这一天，我早早地来到学校，找到前排靠近主席台的位置。那一刻，我终于见到了曹文轩！岁月在他的脸上刻下了无声的痕迹，他的声音带着浓重的乡土特色。他在台上娓娓而谈，从写作联系到生活，从生活联系到细节，我若有所悟。曹老师的话给予我启迪，写作不正是这样吗？听完讲座后，我受益匪浅。

当我走出校门，看到碧蓝的天空，心情无比舒畅。我终于圆了儿时的梦！

放弃也会获得快乐

罗　蕾

人的成长过程中会遇到太多想要得到的东西，有些人只知道一味地索取和利用，根本没有想过放弃不属于我们的东西。但我要告诉大家，有时放弃不属于我们的东西，也会获得快乐。

我记得那是一个烈日炎炎的夏天，整个城市被炙热的太阳烧灼

着，我受不了这份炎热，跑到乡下的爷爷家避暑。

爷爷家不小，还带有一个大院子，里面种满了花花草草。爷爷是个不太爱说话的人，但他特别喜欢鸟。他有时照顾鸟太专心，都好几次忘记烧饭给我吃。

我在爷爷家过得悠闲自在，无所事事。直到遇见你——一只受伤的小鸽子，我才变得有事做了。

爷爷皱着眉头把你捧进客厅，放在茶几上，我看见你雪白的羽毛被血染红了，场面好吓人！爷爷嫌我笨，看到你受伤，不会拿医药箱。我赶紧跑进书房，爷爷打开医药箱，熟练地拆着药，给你细心地包扎，那样子，小心翼翼地，真像个医生。

接下来，我和爷爷一直忙着照顾你。大清早的，爷爷为你蒸玉米，倒清水，忙完后，又专心地看着你吃掉。中午，每次爷爷帮你换药时，我都得按住你的腿，你恶狠狠地啄上了爷爷的手，他什么也没说。

你的伤愈合得很快，爷爷说要放你走，我不解："爷爷不是很喜欢它吗？为什么要放它走？"爷爷说："它有家，它是不属于这儿的。"爷爷望着盯着窗外的小鸽子，缓缓地打开了笼门……

爷爷看着远飞的白鸽，脸上的皱纹舒展了许多！经历这件事后，我好像长大了。确实，有时我们不应该一味地占有、索取，我们也要会放弃，放弃中也有快乐！

111

有风雨真好

数学老师真有趣

任思睿

"下午第一堂课是数学课，好期待数学老师呐……"刚从午睡中醒来的我迷迷糊糊地看了看课表，喃喃道。讲台上空无一人，我揉了揉半眯的眼睛，还是有点昏昏沉沉。突然，一个瘦瘦高高的人像是从天花板上掉下来一样，一下子就站在了讲台的中间。他的眼睛滴溜溜地转着，正在打量我们，活像孙悟空！这就是我们的数学老师吧？！仔细一看，老师长得浓眉大眼，脸上的皱纹，事先排好队似的，有序地长着。我不禁"扑哧"一声笑了。我们的数学老师长得真有趣！

"丁零零——"上课铃声响了，同学们满心期待地看着数学老师，眼睛睁得溜圆，好像和老师在比谁眼大。

"上课！"随着老师一声令下，全班同学"嗖"地站了起来，等待着他的"同学们好"。只见他不急不慢地点了点头，然后就看着我们。时间突然像停滞不前了一样，我心想："这老师葫芦里到底卖了什么药呀……"老师看着我们坐也不是站也不是的窘态，这才瞪了瞪他孙悟空似的眼睛，抬头用下颚示意我们坐下，我们这才犹犹豫豫地坐了下来。这也给我们的数学课开了个尴尬而现在想起来又很有趣的头，因为在接下来的课堂中我发现数学老师更多更多的"趣"。

"我姓周，叫我周老师。"老师一张嘴，我就更觉得数学老师真是个有趣的人。因为在我的印象中，老师们应该都是操着一口标准的普通话，而眼前的他，一口浓浓的乡音，乡音里又努力地夹杂着普通话，再配上老师力图字正腔圆地发音却总也不到位时的不甘心的表情，我早在心里乐得不行。这也让我更加期待老师后面的讲课。

这个期待是值得的。老师一说话，就给我们透露了一个爆炸性新闻："我的哥哥是毕达哥达斯。"全班同学面面相觑，我心想："嘿！老师葫芦里又换药啦！"只见老师"傲娇"地望了望满脸狐疑的我们，淡定地说："我是毕达周达斯！"话音刚落，全班的同学就笑炸了锅，有趣的是我们一个个笑得前仰后合，老师却无比淡定，一脸萌萌的表情看着热气腾腾的教室，场面甚是搞笑。

后面的课越来越有趣，老师在教我们知识的同时，竟然还抛出一句："玩转数学，妈妈再也不用担心我的学习啦！"这样的至理名言。

我们的数学老师有趣吧，羡慕我们吧，我们也为有这样的数学老师而自豪哦。

113

瞧！这个人

张易涛

"瞧！这个人"。那是刚上小学的时候，我的同桌他第一次跨进教室门后，同学们都在私下窃窃私语议论着他："好胖啊！像个皮球，还戴着眼镜啊……"此后，我们都叫他的外号——"老肥"。

瞧！他的外貌

"老肥"如今身高一米七十有余，体型宽大，走起路来一摇一晃，活像一个企鹅。他还有一头乌黑油亮的短头发，摸起来硬硬的，还有点扎人。他还带着一个有啤酒瓶盖那么厚的眼镜。别看他像个"痴呆儿"，他的脑筋可灵光了。"唰唰唰"，一张数学试卷不出二十分钟就做好了，我们数学老师说："'老肥'的脑瓜与他的体型成正比例增长。"

瞧！他的性格

"老肥"平时是个沉默寡言的人，绝大多数时候，他总是会在座位上自言自语，只有和我这样子的"铁哥们"在一起的时候才会畅所欲言。他做任何事几乎都是"老牛拉破车——慢慢吞吞"，一碗饭他可以消磨三四十分钟。有一次我们一群人去搬东西，到搬完后发现少了一个人，于是我们原路返回，却发现"老肥"正双手抬着东西，一摇一晃，不紧不慢地在"散步"，看到我们过来还对我们"嫣然一笑"。顿时我们都被他的举动"石化"了。

瞧！他的善良

别看他做事这么慢慢吞吞的，其实他是一个极为善良的人。

一天放学后，我和他结伴回家，忽然发现从树上落下了什么东西，我俩定睛一瞧，原来是一个刚刚出生不久的小雏鸟，在地上"啾啾"地叫着，惹人悲悯。他停下脚步，弯身蹲下，双手轻轻地捧起了这只瑟瑟发抖的小雏鸟，微皱眉头地说："你先走吧，我想要帮帮这只小鸟。"我的心好像被什么东西怔住了。"这种时候叫我走太不够意思了吧。做好事怎么能一个人呢?"我笑着对他说。经过一番深思熟虑后,他决定把小鸟带回家抚养,他说他父母很喜欢小动物,一定很高兴这个"小家伙"的到来。过了几天,当我询问小鸟的情况时,他说:"早就没事了,现在它应该在和同伴嬉戏呢。"他脸上浮现出自豪的微笑。

瞧!这个人。他就是他,颜色不一样的"烟火"。他就是我独一无二的好朋友——"老肥"。

瞧!这个人

赵俊宇

她是我们小区的"大红人"!楼上楼下的邻居们都认识她,她就是居委会主干——胖婶。

胖婶是典型的"大饼脸",在她那张大脸上偏偏长了一双小眼睛,她一笑,这双眼睛就像小月牙一样藏起来。再说说她那张嘴,两片嘴唇就像是两根小香肠一样,表面上看她的嘴小巧玲珑,但她如果把嘴张大,可吓人了!她明明快五十岁了,却偏偏有颗"时尚心",她的头发染上了棕色,还烫卷了,而且每一次见到她,我都感觉她的发型又变了。

胖婶不仅人长得胖,而且心宽,做起事来大大咧咧的。

一天,我们小区里有一家生小宝宝了,刚好那家阿姨我认识,我便急匆匆地去看小宝宝。刚到那儿十几分钟，就又有人按门铃了，我心想：准是胖婶来了。打开门一看，果然如此，但她的手里还提着两条大鱼，她说："这两条鱼是我才买的，送来给你补补。"阿姨赶紧说："不用了，我现在还吃不了鱼，您先带走吧！"可胖婶却毫不动摇地说："那咋能行，你刚生完小孩要多吃点儿。"阿姨只好收下，说道："好吧，要不我给您钱，就当买了这鱼。"没事儿，不就几十块钱吗？说完，胖婶就潇潇洒洒地走了。我心想：胖婶就是有个性，干起事儿大大咧咧，我也要这样。从此，胖婶就成了我在待人方面的榜样了。

胖婶不仅想得开，而且很会玩儿。我们小区的那群七八岁的孩子经常去问胖婶最近有什么好玩的，胖婶总是笑呵呵地从口袋里掏出一些稀奇古怪的小玩意儿，她的口袋就像是"哆啦A梦"的口袋一样，总会变出新的东西，而那群小孩总是心满意足、又蹦又跳地离开。有一天我去问她："婶儿，你咋知道那么多小玩意儿的？"她神秘地对我说："秘密。"然后就走了，我郁闷地想：我一定要看穿她的伎俩。可事情过后，我便忘记了。

胖婶，胖婶，您真的是名副其实，人胖心宽，难怪我们总是会指着地说："瞧！她就是胖婶！"

妹妹，我想对你说

刘宜静波

时光荏苒，白驹过隙，你已从当初一个调皮可爱、不懂规矩的小女孩儿变成了一个六岁的大女孩儿了。虽然你只有六岁，但是从你做事的态度、能力及你说话的神态中，已隐约显现出"小大人"的韵味了。

在你小的时候，你成天乱喊乱叫。不是谁不小心碰到了你堆的积木，就是谁抢走了你正在看的电视；不是谁拿走了你的东西，就是没人陪你玩游戏了……因为这些，你都要吼半天，但是因为你小，我们一家人都不跟你计较。你喜欢玩，每天都要去家附近的小广场，约你那几个小伙伴"疯几圈"，不是玩捉迷藏，就是玩"一二三，木头人"，害得我和妈妈找不到你。

小时的你不懂事，每当家里来客人时，你总是大吼大叫："快出去！大魔鬼！快出去！"你此话一出，总是搞得妈妈和客人尴尬不已，但是妈妈总是一笑而过："对不起啊！小孩子不懂事，太不懂事了！"而客人总是说："没关系！小孩子嘛！有个性一点儿！挺有趣的！"而你总是傻愣愣地站在那儿，不一会儿又玩去了。

小时的你酷爱绘画，我们以前家的墙壁上，到处都是你的涂鸦，就算家里面没有任何东西，也不会感到家徒四壁。你不喜欢在纸上绘画，可能是限制了你的能力了吧。

而现在呢，你是一个大女孩儿了，不能整天像个野孩子一样跑来跑去了，妈妈多次对你说你要表现得文静淑女一点儿，这样才像个女孩子，而不是大大咧咧的。

大人的对话，现在也不是想插嘴就插嘴的了。每次当爸爸或妈妈与别人讲话时，你还是会插嘴。但当我们给你递个眼色或捅你一下来提醒你时，你会一脸童真地问："干什么啊？"你没有理解我们的意思，我们是不希望你插嘴呀！

妹妹，我也不会对你过多要求，但只想对你说："快快长大，成为一个能适应社会，立足于社会的人。"

真的谢谢你

潘奕璇

跑步一直是我不擅长的运动。可这一次老师居然让我去参加四百米比赛！

因为我没有报名参加运动会比赛，所以在没有什么人报四百米的情形下，这份"大奖"就落到我的头上了。下课后，一个两个跑到我身边给我送上的"祝福"，怎么就那么刺耳呢！

这个说："学习委，加油啊！脑子跟上了，体力也要加油啊！"

那个说："四百米可是我们学校的特色，我觉得你肯定不行，你能跑完二百米就不错了……"

我一边微笑着回应，一边心里却像是打翻了五味瓶：为什么老师会让我去跑步？难道这次我没有考好？可是这几次我都是九十八、九十九的考，也没有得罪老师啊！这四百米，我哪能跑下来呀！

　　我正想着，我的同桌——一个体育全能的女孩儿，突然拍拍我的肩膀说："别担心，我来帮你！"

　　"你怎么帮我呀，我可是个跑步困难户！"我无奈地对她撇撇嘴。

　　她眨眨那双美丽的大眼睛，微微笑了起来，低下头看书去了。

　　老班是一个很要面子的人，我们班年年都是运动会得奖大户。在快毕业这一年，当然不能少一座奖杯！我们攒足了劲儿，利用课间和体育课练习。果然，第一次我尝试跑四百米就得了一个失败的子儿：好不容易跑到二百米，后面我实在跑不动了，我掐着腰无力地在操场上慢慢走了起来，眼前是其他同学越来越远的身影。远处几个观望的同学似乎在向我指指点点：诶！他们肯定在笑话我了！

　　咬了咬牙，我又跑了起来，耳畔是"呼哧呼哧"的喘息声，眼前是遥不可及的终点线，沉重如铅的双腿带着我无知觉的身体机械化似的慢慢地向终点线挪去。当然是，最后一名！

　　就这样吧！我只能跑成这样了！他们爱笑就笑吧！

　　到了教室，跑步的种种不愉快在我和同学的聊天中散去。也许是因为我肆无忌惮的笑声，也许是因为我脸上漫不经心的神情，也许是因为我说话间的无所谓结果的态度，同桌走了过来！她秀气的眉毛轻轻皱了一下，然后拉起我的手说："下午放学后，在操场等我！"我当时懵了：这不是在开玩笑吧！她家住得很远，父母又经常出差，她下午还要值日。再等我一块练习！她会来吗？

　　放学的时候，我还是来到操场上。夏天天黑得迟，一片片夕阳洒在操场上，操场边上的树好像穿上了一件件黄色的外套。远远地，我看到了一个瘦高的身影快速地向这边跑来——是同桌！

在操场上，两个女孩儿，一个在那里细心地指导跑步的动作要领，一个在那里认真聆听。我一遍又一遍地尝试，一次比一次跑得更快、更好！这个傍晚，这一幕成了操场上最美的风景！

"加油！加油！"声浪一声高过一声，我分明在这些声音中听出了你的声音！我加速奔跑起来，跑过了一个又一个，当我顺利冲过终点时：默默地说："真的谢谢你，亲爱的同桌！"

一个像夏天，一个像秋天

王盛贤

"第一次见面看见你不太顺眼。"正如歌词中所说的那样，我们的初次见面，并不是那么顺眼。

慵懒的下午，整个校园内都浸润在栀子花香中，一切的一切都是那么熟悉，直到陌生的你的到来。

略带寒意的瞳孔，弯弯的柳眉，长长的睫毛微微地颤动着，白皙无瑕的皮肤透出淡淡的红粉，薄薄的双唇如玫瑰花瓣娇嫩欲滴。

我呆呆地望着你，许久才缓过神来，想主动上前打个招呼。我缓缓地抬起头来，恰好迎上你那寒星般的眸子，望着欲言又止的我，你淡淡地回过了头，走到属于自己的座位上，安静地看书。

自那很长以后的一段时间，我对你的印象只有两个字：冷傲。直到那一天……

"老师再见！"从老师的办公室出来后已是傍晚，正在收拾书包

的我望着空荡荡的校园和阴沉沉的天，心脏不由地往下一沉。正当我往外走的时候，天空飘起了雨点。一霎时，雨点连成了线，"哗"的一声，大雨就像天塌了似的铺天盖地地倾泻下来。

望着这从天而降的大雨，我慌了神，不知怎么办才好。"一起走吧。"循声而望，是你，我不由得吃了一惊，可身体还是不由自主地躲进了你的伞下。

路上出奇地安静，耳边不时传来呼啸的风声。"嗯。"我犹豫了半天之后，我缓缓开口道："你家，你家住哪儿啊？""和你家是一个小区，以后我们可以一起回家。"一贯清冷的声音在此刻竟充满了温暖。虽然后来的路上，我们都没有再说什么，可我知道，你早已把我当成了好朋友。

你给我的感觉，就像秋天一般，是个极美的季节，虽有些冷清，但却不乏温暖之感。而我，就应是夏天吧，热情开朗，温暖似火。曾经，我也曾担心过，性格差别如此之大的我们，友谊能够长久吗？

那是一堂体育课，我不慎摔倒。你见状，二话不说搀着我走向医务室，你细心地帮我涂上药水，轻轻的，很舒服。望着你那白皙的脸庞，我不经说出了心中的疑问："我们的友谊，真的能长久吗？"你依旧用那清冷的声音答道："友情就像大树啊，不在乎能长多高，而在乎根有多深。"是啊，我们那棵名为"友谊"的树早已在不知不觉中根深蒂固，有朝一日长成参天大树，也是必然的。

121

双目对视，嫣然一笑。

我们一个像夏天，一个像秋天，却总能把冬天变成春天。

那一抹暖阳

陈　薇

四月，阳光透过树叶的缝隙，洒落一地的回忆。

四月初，空气中弥漫着花的芳香，混着泥土味儿，都在空气中酝酿。今年的社会实践活动，便是我幸福而又快乐的时光。

那一天，我们早早地起床，匆匆地赶到教室，焦急地等待着，同学们不停地望着手上的表，"滴答""滴答"，时间一分一秒地流逝，同学们却更加兴奋起来。

漫长的等待之后，我们终于出发了，一路上，大家谈笑风生，好像幼儿园的孩子，好奇的眼光饥渴地打量着外面的世界，路边的高楼、天上的风筝，甚至偶尔飞过的小鸟都会引起大家的惊呼。

不一会儿，我们来到今天的第一站——侵华日军南京大屠杀遇难同胞纪念馆。一幅幅照片、一件件物证、一串串数字、密密麻麻的名字让我们震惊，让我们愤怒，我们庄重地立下誓言：努力学习，报效祖国，实现伟大的中国梦。

走出纪念馆，大家的脸上没有了笑容，步子也沉重了许多。在沉闷的气氛中，我们来到绿博园。

同学们走走看看，欢声笑语又慢慢回到我们中间。这时，天公却不作美，淅淅沥沥的小雨下了起来，看着同学们一个个愁眉苦脸地找地方避雨，我安慰大家："这雨不大，没准一会儿就停了。"可雨越下越大，淋湿了头发，打湿了衣衫，连鞋子也浸湿了。

我和一个好朋友瑟瑟地挤在一把伞下，雨越来越大，我们越靠越紧，她搭着我的肩，我搂着她的腰，暖和了好多。一阵风吹过，我俩相视一笑，我和她的心靠得更近了。不一会儿，我们要好的小伙伴也挤了过来，有人找来椅子，有人端来泡面，大伙吃着香喷喷、热腾腾的泡面，你挨着我，我挤着她，生怕别人淋了雨。细细的春雨，让我们的春游泡汤，却让我们的友情升华，让我们身体靠得更紧，我们的心靠得更近。

雨停了，绿叶上挂着晶莹的雨滴，地面上积着或深或浅的水坑，空气中弥漫着春的味道。不，那是友谊的味道：一丝清凉，一丝温暖，一丝甜蜜，一丝幸福。

太阳出来了，照在同学们的身上，也照进我们的心田，暖暖的，甜甜的，就像我们的友情。阳光透过树叶的缝隙，洒落一地，那是美好的的回忆。

123

一朵美丽的浪花

张晓雨

人生长河中，有各种各样美丽的浪花。每一朵浪花，都是一件难忘的事，都是一个难忘的人。而我最钟情的那一朵，是你。

小时候，最喜欢去海边玩了，赤着脚，蹚蹚水，接几朵浪花，是最美妙的事情了！可是，爸爸就是不愿带我去海边，也许是太忙了吧！还说着什么让我自己去感受生活中的浪花，一直到小学。

刚进学校，我就认识了你，你是个神奇的女孩儿，有时会活蹦乱跳，有时却文静得什么也不说，你让我一直琢磨不透！渐渐地，我嫌你烦了，你是一个除了傻笑，什么也不会的女孩儿，班上同学也这么认为，没人和你玩了，直到那一天。

你那天也不知怎么了，魂不守舍地，眼睛也微肿，总是跟着我，我做什么，你也做什么。看到你跟着我，大家一直取笑我们"连体"，但你似乎什么也没听到，还是那样。中午，我实在是受不了了，我在全班人面前大喊："你不要再跟着我了好不好，我又不是你妈。"你什么也没说，还是傻笑，还是跟着我，你拉我出去，对我说："对不起，我没有妈妈了，我是一个没有妈妈的女孩子！"听了这句话，我一下子呆掉了，你似乎强忍着，不让泪水流下一滴，我一下子抱紧你："你为什么不早说？"你，还是傻笑，此刻，我的心仿佛涌起一朵美丽的浪花，那是你，是你的傻笑。

我书没带，你把你的给我，宁愿自己挨骂；我被别人欺负，第一个冲上去的是你，宁愿自己引起公愤。原来，你对我这么好；原来，我是这样一个不知恩图报的女孩儿！我想哭，但你抱住我，你不善言辞，但你会傻笑；不，那不傻！那是伟大无私充满爱的微笑。

第二天，你走了，搬到乡下去学习，我一大早到学校才得知，你写给我的一张纸条："生命的长河是无止境的，成长也是如此。我妈妈没有了，我不想再给爸爸增加负担。虽然我走了，但我永远是你人生中一朵美丽的浪花；我愿永远乐观，我愿永驻你心！"你的形象在我心中一下高大、美丽起来。是的，你永远是我心中一朵美丽的浪花，你对我做过的事更会化为一圈圈涟漪，永驻我心！

她

冯子夜

音乐课最后一节课，考试。

"×××！"张老师报着下一位考生的名字，却引来了那些嗤之以鼻的嘲讽声。

"×××要上了，注意点。"

"就是，看看她这次能给我们带来什么震撼！"

其实，她很普通，像大多数女生一样扎着马尾，梳着整齐的刘海，较高的个子，适中的体型。她极少说话，也没有朋友，正是因为过于普通和沉默，别人都用另一种眼光看她。每当她"出现"在众人面前时，引来的总是一阵议论。

就像这个时候一样，她拘谨地站在台上，两颊似乎因为紧张染上了两抹绯红。她的头微微地低着，眼睛偶尔如闪烁的星星一般向我们望一眼，又迅速地转移到地面上，两手握拳僵硬地贴在身体两侧。

音乐声响起来了，她接过话筒，出乎意料地没有拿书，"樱花呀，樱花呀……"她那细长高调的嗓音一出口就引起台下的一阵混乱，但旋即又安静了下来。大家惊奇地发现，她的声音里有些孤寂，有些哀怨，使这首歌的荒凉和空寂别有味道地演绎出来。她的声音融入冬的冷冷的空气中，如同一根细丝在空气中颤动，如同平日里寂静

有风雨真好

的她。

突然，她顿住了，那慌乱的神色在她眼中一闪而过，她努力地想着歌词，执着的眼睛死死地盯住地面。照例，台下又有一些苍蝇飞鸣般的嘘声，她泄气般地接过同学递的书，继续演绎着那种清寂，直至结束。

她少见地抬起头，眼光中似乎有一种渴求。

"哗啦啦……"我们报以雷鸣般的掌声，一抹羞涩的笑意从她脸上晕染开来，她踮着步子下了台。

春天，百花盛开，竞相争艳。可是，也有一些花，是夏天、秋天，甚至冬天才开放。知道了这个，我们就应该在赞赏春花的同时，也抱着欣赏的态度去赞美那一丛绿色。

126

栀子花开

毛文宇

姐姐喜欢花，栀子花。

每逢春天，万物生长，鸟语花香。家中庭院里那一些叫的出名，叫不出名的花也都相继开放，争奇斗艳。昨日里还绿绿葱葱的小院，好似突然间在一夜之间披上了彩衣，变得五彩斑斓。但姐姐却总是望着小院里角落上的那一棵高大的树说："还是少了一种颜色"。

那树枝繁叶茂，翠绿的叶子使人看了竟产生出丝丝凉意，但却在树上看不到一朵花。我知道，它还没到开花的时候。当然也明白了姐姐所说的是缺少了什么颜色，是白色，栀子花的纯净、圣洁的白色！

院中的栀子树从我记事起便立在那儿了，据家人说年代很是久远。现在的模样和以前并没有多大的变化。它是院中最古老的树，竟比一般的桃树也要高上一些。我对这些天地草木倒是没有多大感情，但姐姐不同。随着年龄的增长，姐姐坐在树下的时间也是越来越长。时而弹琴，时而作画，有时甚至只是盯着树看，便可待上一整个下午。我问她在看什么，她却笑着不说话。

几年前从家乡搬到了城里。城里的房子虽然不小，但连一株小小的夹竹桃都移植不过来，更别说栀子树了。姐姐倒是比在农村时更显得文静了，却是常唉声叹气。我知道她在愁什么，是不舍家乡那栀子树啊！

那日周六，早上刚过六点，我便把熟睡中的姐姐从梦中叫醒，一起踏上了回乡的大巴。回到老家时已近中午。这时是春天，栀子花早开了，那清香虽浓郁却不失清雅，弥漫在整个家中，令人陶醉。

现在的栀子树早已由当初的翠绿转变为洁白，朵朵栀子，清香一方。是好久没见到过姐姐如此开心了，午饭过后，栀子树下，姐姐在欢快地弹琴。风吹，百花散，与风舞，琴声美，百花香。

回程的时间到了，姐姐不舍地望着栀子树，轻叹了一口气，终于转头，离开。但谁能想到，这次的离别，竟成了诀别！

医院里到处都是那难闻的消毒水的味道，姐姐躺在病床上，身体的温度却是与病床相等。床头柜旁的栀子花，不知是因为缺水还是天冷的缘故而枯萎凋零，散落一地。

姐姐，走了……

又是一年春，家乡的栀子花又开了，香气比往年更加浓郁，却又不失淡雅，可树下却还是孤寂的。风在院中回旋，卷下一片片花瓣，在空中飞舞。我轻轻用手捏住一瓣，阳光下，恍惚中我似乎看到一抹倩影在树下抚琴，欢笑。

127

有风雨真好有风雨真好

我微笑呢喃：“姐姐，栀子花，开了。”

年轻乞丐

祁 杨

我无法不注意到你。这夜市如此喧闹，各式各样的百货摊和小吃摊让原本宽阔的广场拥挤不堪。而你的四周却是那样的空旷，甚至有死一般的沉寂。

每天晚上会来这里的，几乎都是忙于生计的人：为了挣那点血汗钱顶着寒风直到深夜的摊主；好不容易抽出时间来吃饭而吃完后又要扑进工作的小职员；步履维艰身材佝偻的拾废品老人……当然，今天还有你。你们都把羡慕的眼光投在了前方的写字楼，那楼上的灯光早已一一熄灭，打扫卫生的阿姨也都已下班。

我只是个散步的闲人，我的步调与整个广场完全脱节。因此，我可以注意到你，我可以在不远处一直注视着你。

你是那样的年轻，稚气未脱的脸上透露着辛酸与无奈；你是那样的简单，昏黄模糊的灯光下映现出你落魄的背影；你是那样的冷漠，连周边嘈杂的一切声音都撼动不了你半分。可你也是那样的卑微，面对前方华丽的大厦，你也只能屈膝下跪，把头深埋在胸前。

这就是你面对世界的方式吗？

“我真的很饿了。请哪位好心人能给我点钱，让我过过今晚吧。”

难道你失去了未来吗？过了今晚，那明晚呢？

世界是冰冷的，没有人会眷顾你。你转过身去看看这广场上的人们，他们和你一样可怜，但不和你一样可悲。

你的包里，有书本吗？你的脑中，有知识吗？你的手上，有力气吗？你知道"施舍"二字的含义吗？我想今晚你会懂的。

……

寒气越来越重了，广场上只剩下一些小吃摊了。摊主们一刻不停地洗着盘子，等待着下一批夜市的人们。而你终于站了起来，捏着几张零散的毛票走向了空闲的小吃摊。

没有人理会你，没有人帮助你。你的生存方式已被社会淘汰，难道你还没醒悟吗？

年轻乞丐，用自己的双手创造财富吧，乞讨不是一条捷径。

最美的风景

鲍齐彦

星期六傍晚，我到社区公园去散步。

天气晴朗，晚霞满天，公园里显得安逸宁静。一群欢乐的孩子在沙地旁嬉戏，银铃般的笑声和五彩的秋千一起荡漾着。突然，在沙地的角落，一只鲜红的小桶映入我的眼帘，一个小女孩儿正专心致志地往桶里一点一点装沙子。一缕缕阳光沐浴着她的小脸蛋，一颗颗晶莹的汗珠滴落在沙子上。

我不禁感到奇怪，她怎么不和小伙伴一起玩呢？装这么多沙子干什么呢？我心中的疑问一个接着一个。我轻手轻脚地向她走过去，她还是在专心地装沙子，就连我走到她身后都不知道。桶里的沙子已块装满了，其他孩子的笑声不断传来，但小女孩儿依旧那么认真地捧起沙子，一把一把地放入桶中。

桶里终于填满了沙子，一缕缕阳光在上面跳跃起来。小女孩儿仰起头，准备起身时看见了我。她那水灵灵的眸子里闪出惊疑的神情，刚仰起的头又低下去。嗬，真是个害羞的小姑娘！于是我向旁边走去，但眼角仍注视着她——小孩子都爱玩，可她怎么了？

她见我走了，就两手吃力地抱着桶，一步一步地朝公园的角落走去。

我循着她的方向看去，只见一个坐在轮椅上的小男孩儿正朝这边张望，接着又看向那些快乐的孩子，眼神中流露出羡慕的神色。我们可以无拘无束、酣畅淋漓地玩，可是他……

他又看了看小女孩儿，眼神中闪现出惊喜和兴奋，他的脸上出现了花朵绽放般的喜色。这时，我明白了一切……

在夕阳动人的光泽下，一排排高大的白杨树都笼上了金色的轻纱。小女孩儿把桶抱到小男孩儿身边，小男孩儿用双手把沙子做成各种各样的形状。他们都笑了，笑得那么可爱，笑声那么清脆。在一缕缕霞光的照耀下，他们天籁般的笑声传向了四面八方。

这就是留在我心中最美的风景。

最甜美的声音

　　可是，正是这样纯净的话语让我手足无措，因为面对纯净的他们，我无话可说，只有微笑，我们已经失去了这样纯净的心，所以当再次面对时，对孩子的无知只有感叹。岁月如箭，时间将我们最纯真的童年带走了。

偶　遇

马典卉

天色微霁，阵阵冷风夹杂着小雨吹打在我的脸上。已然是冬天，我裹着厚厚的外衣，搓着冻红了的双手，在家门口不住地徘徊着。最终还是套上了棉靴，手里紧紧攥着那二十元钱，奔向了新华书店……

路上的行人匆匆，打着把雨伞不知是在遮雨还是挡风，没有任何遮护的我不由得加快了脚步。

冬天的寒冷与时间的紧迫，让我小跑时没有注意到那撑着小花伞迎面而来的红衣女孩儿，我没来得及停住脚步，就和她撞了个满怀，小小的她被我一下撞到了路边的水洼中。泥水滴滴溅开，她的小花伞也被甩出了老远，她惊措地呆坐在原地，泥水一点一点把她的衣服染开，脏兮兮的她用无助的眼神企求着我，而我只是愣了几秒，便开口骂道："走路不长眼睛啊？烦死了！"说完，我的喉咙就像是被什么卡住了，我……怎么能？是因为天气，还是因为糟糕的心境？

不知带着什么样的情绪，我只是倔强地瞥了一眼跌落在地上如小鸟般无助的红衣女孩儿，便迅速地跑开了。进了书店，一股温暖的气流随之扑面而来，也好像唤醒了我的一点儿良知，但我只是轻轻摇了摇头，取了想买的书，便去柜台付款。

排队时，又看到了那熟悉的红色身影，心中不禁倒吸了一口凉气。看着那身影一步一步向我走近，张嘴便说："若你是来要我赔偿的，不好意思……"冰冷的话还没说完，就被一个甜甜的声音打断："不是的，姐姐，你的钱。"高抬着的手上有那同样脏兮兮的20元钱。两个可爱的"羊角辫"，此刻斜塌着，衣服已脏得不忍直视。眼角边还有明显的泪痕，而眼神却是如此纯净。

空气凝固了，我推开人群，丢下书本，仓皇逃出了书店。

伫立在雨中，一种液体轻轻滑过脸颊，不知是雨，还是泪……

我明白，我还欠那女孩儿一句郑重的道歉。是后悔？是惭愧？我不知道，时间也无法知晓，脑海里全是那红色的身影和那清透的双眸。

永不漫灭的"污点"

钱楚涵

当房间的挂钟敲响十下，已经是夜晚十点了。略有些昏黄的灯光下，我还在奋笔疾书，只是为了语文的第一次单元考。

两周的语文学习，这是检验的时刻。一天后，单元考如期而至。拿起笔的那一刻，信念在心中燃烧，思绪如洪波般，涌入大脑，考试十分顺利。

几天后，试卷批出来，我如愿以偿地拿到班级最高分，九十五分。

可正当我喜悦之时，同桌的一句话，让我的心情一落千丈。只见她伸着头，望着我的试卷，用手指着一个答案，疑惑地说："咦？你这句话中的'已'默错了呢！"我赶忙低下头，看了看试卷，是啊，的确是默错了，可老师却没有批改出来。此时的我，心里如同乱麻，怎么办，是跟老师说，让出我的第一名宝座，还是不跟老师说，自己偷偷修改答案？两个观点在我心中打架，谁都不让谁。

一边是诚实的天堂，一边则是虚荣的地狱，我该如何选择？无论选择那一边，我都会失去第一名。无奈，虚荣心终究还是战胜了诚实。我偷偷修正了答案，但因为这件事，我连一节课都没有听进去，看着老师望着我肯定的眼神，我的心中却怎么也高兴不起来。如果您知道，我的第一名是靠偷偷修改答案才保住的，您还会相信我吗？整节课，我都用手紧紧捂住那个被我用胶带粘过的痕迹。

直到现在，我都对那一件事无法忘怀，虽然同桌早将这件小小的事淡忘。可我却一直觉得，那一张试卷上的"疤痕"，是我诚实窗户上，一个永远无法漫灭的污点。现在，我很后悔，后悔当初那个错误的决定，后悔当时过强的虚荣心。对不起，我错了……

134

可是，一切都回不去了，时光不可能因为我而倒流。那么，这件事，就是我那个永不漫灭的回忆，永不漫灭的污点……

最甜美的声音

马睿琳

我上三年级时，我的邻居是一位大姐姐，每次见到她都会甜甜地叫一声"姐姐好！"，然后就充满期待地望着她，可是她只是笑笑，什么也没说。我便失望地走开了，其实我期待的是她能回答我一句"小妹妹好"。那时候的我认为别人向自己问好，自己应该回应别人一句。

长大后，在学校里学礼仪时，才知道微笑就是一种回礼，无声的回礼。可是即使这样，依然让我不解，为什么姐姐不能回答我，而是用微笑代替呢？这个问题困扰了我很久，直到那一天，我明白了。

那天我和妈妈坐公交车去学校。在车站，看见一个胖乎乎的小男孩儿，只有两岁大，肉嘟嘟的小脸很讨喜。不知为什么，那小男孩儿愣愣地望着我。我向他笑了笑，便不再理会了。

正和妈妈谈得起兴，突然一个稚嫩的声音喊道："姐姐！"我愣住了，因为声音明显朝我发出。转过身，是那个小男孩儿，正兴奋地望着我。一时间我手足无措，想回一句"小弟弟好"，又说不出口，只好对他微笑。

我是多久没有再听到这样纯真的声音啊。妹妹大了，已经不喜欢叫我"姐姐"了，弟弟还太小不会叫。当我再听到这样的声音时，心被触动了，没来由地有些感动。

后来他妈妈来了，望了望我，说："他可能把你当作姐姐了吧，你跟他姐姐长得很像。"

男孩儿显然还没有辨认出我，一直在叫"姐姐！姐姐！"我依然是回以微笑，但这次却是发自内心真诚的笑容。

刹那间，我仿佛明白了那位大姐姐的微笑。当时的她应该和我一样吧。当面对这世界上最甜美的声音时，仿佛一切虚伪都会被揭穿。那样的声音打开了尘封已久的心门，让我有许多感触。在那一刻，我真的被震撼了。那个声音让我的心明朗了许多，仿佛一股清水洗涤了我的心灵。

可是，正是这样纯净的话语让我手足无措，因为面对纯净的他们，我无话可说，只有微笑，我们已经失去了这样纯净的心，所以当再次面对时，对孩子的无知只有感叹，岁月如箭，时间将我们最纯真的童年带走了。

在我心里，这男孩儿的声音是世界上最甜美的声音，事实上，所有的孩子的声音都是如此。

考 场 上

张一捷

考场上弥漫着火药味。

此时的与平日里不同：平时教室里热闹非凡，而这时却一片寂静、鸦雀无声。此时的教室又与平日相同，学生们都紧盯着身前的东西"埋头苦干"，只不过平时这东西是食物，而今天是试卷。

又做完一题！我轻舒一口气，来不及高兴，又马上看向下一题。现在是数学考试，这是我最担心的一场考试。以往的教训告诉我，如果不细心点，不对题目中的陷阱提防着点，不抓紧时间，最后的成绩一定是惨不忍睹……哎，步步为营，而又步步惊心！

看完题，我的心就凉了半截——完全不会！题目中的条件在我脑海里跳来跳去，好像能抓住什么，又抓不到。哎，只是一道填空，先放弃吧。我又继续往下做，心里却一直因为刚才的题目惴惴不安。

然而我没想到，这只是一个小插曲。应用题里，又有一道让我头疼的问题。一开始我的思路错了，于是不得不重新去思索。一分钟，二分钟……正当我将最后一个步骤写完，耳边就传来监考老师冰冷的声音：“还有十分钟考试结束！”

"嗡"的一声，我的脑子一片空白，只想着两个字：完了……怎么不完？十分钟，可试卷上还有三道证明题！

急急地写完第一道题，我看了看表：还有五分钟。我又浏览了剩余的两题，想到那烦琐的解题过程，不由心惊而又心灰意冷。我想起上学期的期中考试。同是数学，那次我的成绩是满分，我难以忘记那次拿到试卷后的喜悦、自豪。可好景不长，最近我的数学又呈现出弱势，于是恰逢这场考试……

突然，一阵寒意从我心底升腾而起，我打了个寒战，突然惊醒。我提醒自己要冷静：既然无力回天，起码要弄清题目的解法！我埋下头去。

题目都会，但已无时间。交了卷，我久久地坐在原位，心有遗憾，却没有太大的挫败感。失败，需要勇敢地去面对。我暗下决心：下一次，卷土重来！

一朵美丽的浪花

陈聪奕

浪花，美丽而纯洁，但时而冰冷猛烈，让人坚强地面对人生中的困难坎坷；时而清凉地抚摸你的身体，让你沉浸在爱的沐浴之中……

班主任对我们的叮咛与教诲，犹如我成长的长河中泛起的一朵最美丽的浪花。

但这是一朵冰冷猛烈的浪花。

开学以来，班主任的严厉变本加厉，脾气很大，俨然像他那越来越大的肚子。只要我们不认真学习，他就会责罚我们，不仅仅是在他的语文课上，他会关注我们的所有学科。不管是什么考试或作业，他必须要审核一番，然后向课代表下达那些可怕的惩罚命令。课间，只要听到班上有什么不正常的风吹草动，他便会朝我们教室走来，站在窗户旁，用那冰冷而威严的目光扫视着班级，班上立即鸦雀无声。

那时候，全班人都恨他，我也恨他，恨他的严厉，恨他的不近人情，恨他的脾气暴躁，恨他的多管闲事……

尽管这样，也阻挡不了这朵浪花的清凉和美丽。

我们的语文课，总是个个精神抖擞，不敢有半点走神。有一次，一个问题出来，却没有一个人举手。他那锐利的目光扫遍整个教室，最后集中到了我的身上。我心里呐喊："完了！完了！这么难的问题我怎么会？今天倒霉了！但愿不是我……"

但，我还是听到了我的名字！我艰难地站起来，看了好几遍题目，还是头脑一片空白，只好默默地低下了头，等待着责罚的到来。

"你的潜力仅是如此吗？"耳后传来雄厚的声音，竟不是对我的厉声呵斥，而是很亲切的话语！"我相信你会很棒的！要努力！坐下吧。"

从我坐下的那一刻起，我的斗志被激发了，我发奋要学好语文，向他证明我自己！

期末考试，我的语文考了全班第一，这让我有些措手不及。但想到老师的严厉和鼓励，我内心一阵感激！

因为恨过他，所以爱着他！

他的严厉、他的细致、他的鼓励，是我人生长河中泛起的最美丽的一朵浪花。

爱，不只四十五分钟

吴雯婷

六年级，一个周四的傍晚。

最后一抹夕阳的余晖，柔柔的，透过云层探出来，将天边染成了橘红色、绛紫色。最终，化为深深的、忧郁的蓝色。骄阳隐去，并不能带来丝毫凉意。空气就仿佛一湖凝固了的死水，不乏一丝微风，使人感到无比烦闷。

今天最后一节课本是属于我们自己的自习课，而数学老师却因为平时作业没有评讲完，竟然要来给我们上这节课。

自习课铃声响起，同学们都端坐在座位上，静静地等待老师的到来。此时，窗外几只麻雀正玩闹嬉戏着，但叽叽喳喳的闹腾却没有影响到教室内安静的氛围。

老师讲课的声音、麻雀的叽喳声与头顶电风扇的吱呀声交织在一起，谱写成夏夜的交响乐。

大部分同学都在认真听课，当然，也有例外。

时间就这样一分一秒地在老师眉飞色舞的讲解中飞逝而去，四十五分钟的课程快要结束了。突然，静谧的氛围被一句话打破了："老师，还讲啊。"短短几字在此时显得十分突兀。

教室里有一丝骚动。

只见老师拿着讲义的手悬在半空，他怔住了。他抬起头，原本热情洋溢的眼眸中透着惊讶与受伤。他慢慢弯下腰，关掉投影，给我们讲了个故事。

"有个很有名的教授，他很老了，但还是坚持每天晚上，在本来不用上课的晚自习给学生讲课。直到有一天，一个学生开玩笑地对他说了句：老师，别讲了。从此，教授没有在自习课讲一节课。学生是无心的，但那句话却伤害了他对学生的一番苦心。"

老师停顿了一下，接着说，"我没有要责怪谁的意思，你们不要误会，你们看我比那个教授年轻，承受力还是比较强的。"说罢，他微笑了一下，可笑容中分明流露着受伤。

"好了，你们上自习吧。"说完这句话后，他走出了教室。望着老师失落的身影没入黑暗，我的鼻尖微微发酸。谁不想只是坐在办公室里，喝喝茶，吹吹风，享受难得的休息时间。而老师却牺牲他们休息的时间，想让我们变得更优秀。

四十五分钟的课程背后是老师们挑灯夜读，钻研备课的辛劳。

这无私伟大的爱，哪里是四十五分钟能衡量的呀！

含在口中的声音

王　慧

那是一节与众不同的思品课，一节让人刻骨铭心的课。

与往常一样，一心想着放学回家的我们，没有察觉丝毫的异样。

第三节课的上课铃声依旧如时打响，陈老师拿着他那爱不释手的教鞭，慢慢走向讲台，然后稳稳地定在那儿。

在一片嘈杂中，我隐约听见一个奇怪的声音。声音不大，好像含在口中，伸展不开，很是别扭。似乎是"我的嗓子不行，请同学们将就"。顿时，原本叽叽喳喳的同学们闹得更凶了，七嘴八舌地议论着老师的声音怎么了，班级像个菜市场一样闹腾。

十几秒后，几乎所有同学都不约而同地停止议论，吵闹声戛然而止，教室静得似一湖静水。

老师在讲台上讲解着什么。平日里认真听讲的我，此时却把全部的注意力放在了老师的嘴上，老师的两片嘴唇像两块带有异种电荷的吸铁石，它们相互排斥着，可之间永远只存在小小的距离，老师的声音或许就是从这缝中偷偷溜出来的吧。

突然，两块吸铁石紧紧地吸在了一起，我赶紧把注意力散开。老师停止了讲解，迟疑了几秒后，他又一次用含在口中的声音说道："我的牙被拔了，说话不方便，也只能这样了，希望你们能将就将就。"然后，他很无奈地耸了耸肩，做了个很愁苦的表情。

看起来似乎很有笑点的地方，笑点低的我此时却怎么也无法笑起来，只是很不协调地咧了咧嘴。

后来，我将注意力再次转向老师的讲解，每一分钟都全神贯注。四十多分钟像细细长线悠悠穿过我们的心口。直到看着老师缓缓走出教室，视野中不再有牛仔夹克的背影，我们才真正意识到：这节课结束了。

含在口中的声音，让我们听着心酸别扭；藏在心中的爱，让我们深深感激着。

花开，不只在春天

芮祎然

今天放学比平时都要早，老师一下课就抱起书本往外冲。"咣，咣"，高跟鞋打在水泥地上，就像是在打快板儿似的。想必一定有什么急事吧，不然怎么会连作业都忘了布置？

"老师，等一……等一下……"我追上去，边喊边跑。"穿高跟鞋还能跑这么快？"我纳闷地想。"什么事？"老师回头看看我，脸上满是急切跟兴奋。"您忘记……忘记布置作业了。"我喘着粗气，断断续续地解释。老师抬头望了一下天花板，不知道是在想什么，一脸神往的样子。我刚想提醒她，只见她笑着回过神来，"回去让大家好好复习，明天要考试哦。"她眨眨眼睛，像个孩童般。我胡乱应了一声，心里早已被她神秘的样子吸引。

"老师，你急着去干什么？"

"老师的老公今天出差回来，老师要回去做一顿丰盛的晚饭哦！"

"哦。"我没再问下去，因为我看见三十岁的老师眼睛里荡漾着温柔的波纹，脸上抹上了两片淡粉的红晕。我不想打扰她这份心情。

没有作业，全班闹腾成了猴山，都跑下楼去疯玩儿。我也顺手抓起毽子，跟着跑下楼去。

正当我玩得起劲，爸爸远远地向我招手——是接我来了。走近后，见我正在玩儿，毽子毫无力气地趴在地上的书包上。我走到书包边上，低下头，准备好迎接一场"暴雨"。"把毽子给我。"这声音听起来并不生气，反倒有些开心。我抬起头，只见他兴奋地弯腰拾起毽子，笨拙地抬起腿来踢毽子。大家都被逗笑了，我更是不敢相信眼前这位活泼的中年人就是爸爸！但看到他快活的样子像个十八岁的小伙子，也就跟着笑了——

就像羞涩的老师和童心未泯的爸爸，花开，不止在春天，正如青春，不只在童年。

迷失在雨中的书包

高　涵

143

那一天，我带了伞却不愿打，任丝丝小雨打在身上，和我的皮肤亲密接触。雨落在树叶间，发出沙沙的声音。一切，都是那么安静美好，都是那么令人神清气爽。

我踩着轻快的步伐走向公交车站准备乘车去学校。随着站台的接近，我发现站台下竟然有一个书包——洁白的书包上已出现了几处污点。它静静地躺在那儿，却迟迟等不来那个因粗心而将他丢弃的主人。

身后有两个中年男子似乎在窃窃私语着什么，眼神还不时地瞟向那个书包。

他们想干什么？把那个书包偷走吗？一连串的疑问浮上我的脑海。我想要走过去捡起那个书包找寻失主，却在挪动了两步后，缩回了欲捡起书包的手。万一被别人误认为我想偷书包怎么办？不行不行！还是等失主来找吧。我又退了回去。

身后的一位男子走向那只书包，四处看了看，迅速捡起，问了声："谁丢的书包？"说完，不等有人回应，不时地瞟向四周，双手却以极快的速度拉开书包拉链。仿佛察觉了什么似的，抬头瞪了一眼盯着他的我。我并没有做什么，却似做了亏心事似的慌忙低下了头，并用余光瞥向那位男子。只见他伸手向书包内掏了掏，又撑开书包瞧了瞧，仿佛在找寻书包上有什么惊天秘密一样。在确定没有发现什么好东西之后，摇了摇头，一脸苦笑地对着和他同行的男子。另一男子并不罢休，将书包反过来抖了抖，于是便掉落了一地的教科书与文具。那男子见真的没有什么，便随手将书包丢向一旁，与他的同伴上了刚来的公交车。

车子迟迟不来，雨也开始大了些，身旁的树木也开始疯狂地扭动着它们的身躯。地上的一堆教科书被风吹着胡乱而又快速地翻着，发出"哗哗"的声音，雨水混着泥水溅在那堆书上。身旁等车的人越来越多，却没有一个人弯下腰帮忙捡起。当然，也包括我。

雨下得越来越大了，等车的人都纷纷撑起了伞。那些书本早已被雨水溅得不成样子。我终于还是看不下去了，慢慢地移动脚步，弯下腰一本一本捡起，装进那个已经变成灰黑色的书包里，我又将拿书包放在站台下。

后来，看到148路公交车在缓缓开来。踏上车门的那一刹那，我回头发现一个与我年龄相仿的女孩子捡起那书包，用手中的面纸轻轻地擦拭着，然后小声地喊着："这是谁的书包？"见没人回答，重又放回了原位。其余的那些等车人，依旧站在那里，一声不吭。回头望一眼那个书包，又一脸无所谓地转向马路尽头。

车子开动了，缓缓向前行驶着。道路两旁的行道树，依旧是绿的，只是被细密的雨帘遮住了原本的模样。一切，都又变得模糊了。

"冰冰"有礼

秦紫萱

隔壁班一男生忽地起身，本不以为然：吃完了，走嘛。我正想低头继续吃饭，却见那男生一手拿饭盆，一面转身。我仍不以为然：切，原来是打饭。又准备低头吃饭，可已送到嘴边的勺子猛然停住。因为眼前看到的景象让我很惊讶：男生一脸的不耐烦，似是失去耐心的债主，又如一极力按捺喷发的火山。对着迎面走来的食堂工作人员嚷道："拿着，添饭！"一句话都没多说，他转身一脸冷漠地坐下了。

那眼神——不屑中带着厌烦。似是利刃，闪着道道寒光，倒映着对面身着白衣疲惫的身影；那话语慵懒中带着冷冰冰的不容拒绝的命令。仿若冷箭，冷不防以迅雷不及掩耳之势射了出去；那脸庞——少了一些和颜悦色，多了几分高傲冷漠。

可但凡神兵利器，都只有在高人手中才能真正发挥其威力。我眼前的不正是一位"绝世高人"吗？如此平平无奇的"武器"在他那儿用的是得心应手，威力不减。

再看站着的那位略显臃肿的白色身影，似是"身经百战"的老将，一副见怪不怪的表情，接过饭盆……

也许在如今这样的社会，这种现象早已是"家常便饭"。可今天，在这里，我看到这一幕景象还是有所震撼。

老师教我们的天天挂在嘴边的"争做讲文明懂礼貌好少年"，人人耳熟能详的"礼貌待人，彬彬有礼"，此刻在现实面前却脆弱到如此不堪一击。就像聚集再多的泡沫，被强光一照，终会化为泡影，消失得无影无踪，不留痕迹。

如果只会说，不会做；如果只会用脑子记，不会用心记；如果只能倒背如流，不能亲身力行；如果在纸上道理例子、豪言壮语一大堆，而生活中立刻原形毕露，抛之脑后，那一遍遍的所谓"背诵"还有何意义？

路　口

朱景蓝

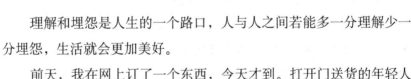

理解和埋怨是人生的一个路口，人与人之间若能多一分理解少一分埋怨，生活就会更加美好。

前天，我在网上订了一个东西，今天才到。打开门送货的年轻人"呼"地把箱子往地上一扔，手扶着门框，歪着头，撇着嘴脸上一副不耐烦的表情。

我瞅着他，心里着实不高兴，服务态度这么差，而奶奶却笑着拿钱付给他，还说："谢谢，年轻人。"

而那个刚才还看着不耐烦的年轻人脸上的表情也缓和了许多。

奶奶接着说道：“今天外面下雨也堵车，而这楼里电梯还在修，小伙子，一路上辛苦你了。”

我在旁边看着奶奶，她说的每一句话都是那么的亲切，每道皱纹都透着关心，好似在和亲人说活，着实让我大不为解。

而这时，那个年轻人居然露出了不好意思的笑容，他低着头略带歉意地说：“对不起，东西给您扔在地上，态度又不好……”

“没关系，”奶奶微笑着说，“这也是难免的，没事。”

等那人走后，我问奶奶：“你为什么对他态度那么好”。奶奶没说，却反问：“他不是笑了吗？”

“是呀，那……”我正要追问，奶奶继续说：“其实，每个人都需要理解。要是你认为对方不好时，就站在对方的角度思考，就可以理解对方了，对方觉得你理解了他，态度自然就好了，相反，如果你只知道自己，埋怨对方，肯定会吵起来的，我说的不是吗？”

此时，我忽然明白了：原来，理解就像个路口，左边通向理解，右边通向埋怨，每当你选择用什么方式对待他人，就会选择走哪条路，两条路看似相同，但结果却相反。

147

宽　容

李曼雪

星期天的早晨，阳光温暖而明媚，我推开了门站在阳台上，阳台上的花儿都开了，看来它们也迫不及待地要来感受这初冬的阳光。

"砰砰……砰砰……"楼上传来一阵阵拍打被子的声音，接着棉絮和灰尘从天而降，这些灰头土脸的东西和这美景真不相配！于是，我忍不住厉声向楼上喝道："拍什么拍！一大早就污染空气！"可上面的拍打声不但没有停止，反而更加猛烈了。无奈，人家占有有利的地势，我只得退回屋去了。

过了一会儿，拍打声停止了。我赶紧拿出水壶，给我的那些刚遭到"空袭"的可怜的花儿来个"淋浴"。晶莹的水珠在绿叶上滚动着，有几滴还顽皮地跑到楼下。我低头一看：天啊！那些水珠不偏不倚地全落在了楼下晒的被子上。我愣住了，怎么办呢？偏偏这个时候，楼下的奶奶伸出了头，向上张望着。我更加害怕了，怕她开口骂我。可出乎意料的是，她竟和蔼地笑了笑，说："天气真好，是要浇花呀！瞧这花儿开得多水灵呀！"说完，她把被子往旁边挪了挪，便回屋去了。

我再一次愣住了，一时间回不过神来，奶奶的行动好像给了我启示。我努力地思索着，可楼上的再次拍打声打断了我的思路。"噢，我明白了！"

我把头伸了出去，向上一望，正和上面拍被子的女人打个照面。我笑着对她说："阿姨，天气这么好，是要晒被子啊！"那个女人尴尬地点了点头，只轻轻拍了两下就回去了。

我明白了：原来宽容像温泉一样化解了人与人之间的一切冰冻，一切不愉快。我站在阳台上，感到这阳光更明媚、更温暖了！

生活，是一首歌

唐璟琦

生活，是一首歌，是一首不断变化的歌……

小时候，生活是童话。

"门前大桥下，游过一群鸭……""柳树姑娘辫子长长……""采蘑菇的小姑娘……"小时候，这些声音总在我家里回响，那时的我就喜欢听童谣，还总是扯着我那五音不全的嗓子在那唱，时不时还会在床上跳上两下，别提有多开心！现在想起来，还真觉得那时的我有点傻。

是啊！小时候可真是自在，想干什么干什么，没有作业，没有成绩的烦恼，过得那真是无忧无虑。那时家里有无数个磁带和光盘，而我总是会一遍一遍地听，不厌其烦。生活总是那么充实，那么开心。

大些了，生活是唐诗宋词。

"丁零零"，上课了，"白日依山尽，黄河入海流……""一曲新词酒一杯，去年天气旧亭台……""大江东去浪淘尽，千古风流人物……"小时候，总能看到我们在班里读诗词。班主任也是语文老师，非常注重诗句的积累，没事就让我们读诗、背诗。《日有所诵》《古诗七十五首》《唐诗三百首》什么的，我们可都是样样背过。有人说我们是书香班级，我觉得是；有人说我们是"书呆子"班级，我觉得也是。

现在回想起来，那时过得也蛮幸福。至少，可以满足我们全部的兴趣爱好，也有充足的时间供我们嬉戏。

现在，生活是流行曲。

"你是我的小呀小苹果……""随风奔跑自由是方向……""你就像那一把火……"随着我们的长大，我发现身边的许多同学都喜欢上了流行音乐，这些歌都耳熟能详，而我似乎成了"音乐痴"。我不喜欢听歌，但我反而觉得现在的生活像是"流行曲"一样，节奏异常快。

学习上，我真是忙得不可开交，不仅要写大量的学校作业，我还给自己压了一套又一套的资料，也许只为提高那点来之不易的分数吧！也因此，我的生活变快了，几套试卷的功夫，一天没了。这也更让我感到了时间的宝贵。加油，我一定能考上理想的初中！

生活，是一首歌，我只有努力适应它的节奏和音符，才能唱出自己最高昂的歌！

记得当时还年少

朱怡倩

风吹起花瓣，记忆如同破碎的琉璃盏。梦醒时分冰凉如雨，过往随花落而离散。看左手抚平倒影，将右手掠过年华。

——题记

轻轻翻开记满祝福语的同学录，小心翼翼，生怕那些如记忆般脆弱的纸张因碰触而面目全非。细细端详着照片上每一份笑容，方才拾起满地的记忆。小学即将毕业了，柔柔的风，却吹不散过去美好的记忆。

记得，那时的我们，结伴同行在铺满落叶的林荫道上，夕阳的余晖，暖暖地映衬着我们灿烂的笑脸。一路上，洒满了你我的欢声笑语。

记得，那时的我们，互相鼓励于风雨来临的时候，凛冽的寒风，却在你我的心底埋下了温暖的种子。乌云下，飘散着处处的花香。

记得，那时的我们，嬉笑打闹在课间休息的空隙里，飞舞的花瓣，载着你我的欢乐舞向远方。校园里，弥漫着生机勃勃的景象。

记得，那时的我们，喃喃自语在碧绿的草地上，繁密的草丛里，隐藏着我们儿时的梦想。操场上，闪烁着追逐的身影。

记得在一次自然课上，读到书上这么一段话："每十万株三叶草里，就可能会有一株四片叶子的三叶草，被称为四叶草，而在人们的心中，这四叶草就代表了金钱、感情、健康和幸福。"于是，课间的操场上、草地上，处处可以见到小小的身影弯着腰、躬着身，勤勤恳恳地寻找着传说中的四叶草，寻找着四叶草里的幸福，寻找着那些曾经丢失的梦想。

当我们把自己找来的"幸福"送给好友时，你可曾记得那份窝心的感觉？

画面渐渐模糊，那份曾经似乎已经丢失。记忆如同怎么抓也抓不住的蝴蝶，跌断了双翼，也跌碎了记忆。

只记得当时，还年少。

青春里没有返程的旅行

于振男

暑假已过了一半，懒散地对着太阳打个哈欠，看着那刺眼的阳光，我告诉自己，接下来的一切都是美好的。收拾好行李，准备出发。

目的地是山东烟台。一道同行的除了父母还有长我七岁的表姐。

在我看来坐火车是很古老的事情了，虽不明白为什么要坐火车去，但我想或许是因为念旧的缘故吧，毕竟在八年前，我和妈妈也是坐着这趟火车从山东回南京的。

"还记得你小时候天天缠着我，现在一转眼都这么大了。"

妈妈的声音触动了那记忆深处的风铃——铃铃铃，脑海中不禁浮现出儿时与妈妈一同玩闹的情景……

下了火车，随着人流出了车站，人们各奔东西，我却不知道该去的方向。父亲打了的士，去了离海很近的朋友那。

烟台的海早就有所听闻，现在也算有幸来参观一次了。和想象中的一样浪漫，穿着沙滩裙，踩在那松软的沙子上，感受海风的抚摸，聆听海鸥的倾诉。已经不是很早，在海的边缘那轮红日已渐渐下沉，渐渐染红了天际，海鸥原本清晰的轮廓已变成黑影。

"我很喜欢海。"表姐目不转睛地看着那海。

"是啊，很美，可又说不上来哪里美。"远处的海已与天融为一体。

　　"还记得你小时候在连云港和我一起看海吗，你那时好似才四岁。我给你抓了好多海星，结果都被你捏啊捏得捏死了，真是可惜了。"

　　"啊，是吗，嘿嘿，记不太清了，要不再去抓点儿吧？"说着便向那海边跑去。表姐也赞成，便跟在后面。

　　海滩上，有些小鱼在跳动着，努力挣扎着跳回海里，可也只是徒劳，我捡起它们努力扔回了海中，可这儿搁浅的鱼实在太多，我也只能束手无策。海浪拍打着我的小腿，凉飕飕的，海边的树也摇晃不定，再看那落日，已有过半沉入海里，不时传来海鸥的叫声，悠远不可及。欢笑声、喜悦声、惊讶声，还有那海鸥的叫声都聚集在一块。这一切都被刻在了时间的年轮里，难以忘怀。

　　离开时，夕阳已不见了踪影，只剩下那天边的一抹红。

　　要回去了……我突然希望有一秒永远停滞，哪怕之后的一生就此消除。手中拿着返程的车票，我可以回到这座城市，而时间却没有返程的轨道。

　　纪念此次旅行，纪念那片海，纪念我那一点点消逝的青春。

最　初

陈宜萱

一滴雨从天空中落下来，悄然、寂静。

屋内，我与父母闲适地靠着沙发上闲聊，然而大多数是我眉飞色舞地讲着，父母安静地听着。突然，父亲问："你还记得你小时候最想干什么吗？"我尴尬一笑，"嗯……好像是警察吧……"父亲点头，接着问"那你还记得为什么这么想的吗？"我愣住了，那瞬间，屋内很静，只有窗外的雨透着玻璃无声息地敲打着我的心。

我不动声色地笑着，装作回忆的样子，内心却绞尽脑汁拼命地想着。终于，我佯装淡定，找到了一个答案："是因为警察叔叔可以为民除害……"当我正滔滔不绝地赞颂人民警察的伟大时，爸爸打断了我。

他说："是因为有人偷了你外婆家的小狗。"

"咔嚓"，好像有什么东西细微地裂开了，但紧接着最初的回忆汹涌而来。

"小毛球"是我最爱的狗，没有之一。因为要上学，把它送给外婆养，我每周都回外婆家，每周看看它，直到有一天，我怎么也呼唤不了它，它不见了，我大哭。大人们都安慰我说"不要哭了，球球会回来的"，而我知道再也不可能。

在一个阴天，在外婆家后面的小山丘，我轻轻埋下了一块石头，在捡到的木板上刻着"爱犬之墓"。

我无意听见大人说它是被偷走的。那种狗的结局一般都会被卖了，它会不会被新主人虐待，会不会吃不到好吃的，会不会被送到餐桌……呜呼，无法可想！于是我暗下决心，当名警察。

回忆消散，父亲还在喋喋不休地说着我幼时的各种梦想，我也一一记起那些最初。

"外公生病住院了，所以你要当医生。"

"我和你妈工作忙没时间做饭吃，所以你要当大厨。"

……我这才发现睫毛湿漉漉的。

这个世界太过喧闹，久处其中，你渐渐忽略了自己内心最初的声音——用单纯去感知这个世界上最美好的本质。

窗外雨还在下，从滂沱到缠绵，我想，这雨水降临人间最初也是最终的意义，也不过是洗净天空和大地，冲刷人们心中的尘埃吧！

秋日风景线

刘　畅

盼望着，盼望着，天空越发湛蓝、深邃了，秋天悄然降临了。

草，枯

秋收后，地上便由金黄与绿变成了土黄，地裸了，一株株草——

不论杂草、野草、草地都渐渐走向生命的尽头。它们终于可以放松警惕、好好休息一阵子了。我真为它们欢喜啊！然而，一场秋雨后，再一次来到田间，赤裸的大地几乎被绿色的汪洋占领。我听到了生命的涌动声。"哗哗"，它们在交谈什么？是有关起死回生的喜悦吗？还是在努力向上向前？或在这飒飒的秋风下展现自己的青春倩影？谁也不知道。唯有草儿们懂。但我知道，草们在为生命献出全部力量，这大半个秋天，它们一次次与死神作战着，一次次获得生的希望。我看到一株草在颤抖，不，它是咬紧牙关，用"坚强"二字来书写自己一生中的最后一个姿态。生并不容易，然而通往天堂的那条地心路更难走，它需对生的考验与折磨，撞开黑暗混沌，挤出一条光明的小路来行。

河，清

头上顶着一轮明日，脚下是一片坚实的土地，身后映着连绵的山峦。这一方地因一条河而平淡地生活着。秋是深远的，在这个深远的季节里，河水也变得幽静、成熟、深沉起来。它默默行于田野旁，灌溉了整个沉浸在秋的世界中的田野，让土地虽枯黄却焕发生机；它悄悄跑进农民的生活中，为他们的用水、洗衣、视觉的欣赏提供了极大的方便。河流爱奔跑，也爱给予。它要汇入海洋同同伴见面，开阔视野；它要把一生献给这个村庄。在这金秋十月，让我们为河水送别，望它们越跑越远，离行前别忘了把最后一"吻"献上。

在秋天里，那株草在我心田长，那条河在我心头流，温暖着现代寒冷的意识和心灵。

惜　秋

鲁　青

看不厌。

看不厌天边堆叠的火烧云与田野尽头成片梳头的高粱连为一色。

看不厌饱满的麦穗压弯了麦秆，在风中舞金浪。

看不厌落叶满天，如蝴蝶般缓缓飞舞而下。

我喜欢秋天，也许是因为我生在秋天，所以便对秋有着一种奇特的亲切感。百花齐放的春、凉风来袭的夏、雪花漫天飞的冬，都是我所喜爱的，却远不及我对秋的痴迷。喜欢在这个落叶缤纷的季节里，进山寻秋，把秋天的足迹放进相册里。

风过，叶落，是风的执着，还是书的不挽留，或是叶对大地的一片赤诚？捡起一片叶，褪了绿的页面依旧显耀着分明的脉搏。无数次，我为之心动。而今，到路边的风景树上零星地飘下两片叶，再不是纷纷扬扬。车过，碾碎最后一缕生机。马路上，飞舞着的是夸大的广告，是无可挽回的寂寞与寥落。

记忆中的秋，有年迈的恋人，携手并肩，漫步在幽深的小巷，更有孩童在巷口的嬉戏，调皮地踩着树影斑驳……

而今，叶只能在钢筋混凝土前驻足，一座座高楼拔地而起，高兴赞叹之余，更多的则是无奈。

请适可而止，在春不再百花齐放、夏不再凉风来袭、冬不再漫天飞之前，一切都还来得及。

我深信，落叶群飞的秋还会再度来临。

秋天里的柿子树

刘雨婷

炎热的夏天已悄然离去，迎来的便是凉爽的秋天。那竹篱间肥硕的瓜果，那田地里金灿灿的稻穗，都已成为秋天的使者，天地里的每个角落里都塞满了秋的气息。

奶奶家的秋天是热热闹闹的。

秋天，我们全家都会来奶奶家，不为别的，就是为了看望奶奶，顺便瞧一瞧那棵柿子树。

说起这柿子树，那可有讲头了。

冬天，它落光了叶子，满地的枯叶像一朵盛开的金色花，为大地别上了一枚小巧玲珑的胸花。

春天里，它勤生绿叶。初春时节，那刚冒出来的芽儿，隐隐约约，若有若无，像顽皮的孩童在与我们嬉戏。

夏天，那小小的芽儿已经长成肥大的叶片，你挨着我，我拥着你，像一把大伞，在地上投下一片浓阴。

秋天，它引以为豪，因为它结出了甜美的果实。春天里的柿子花开得娇小可爱，羞涩地藏在绿叶间，很难才能找到。而秋天，娇嫩的花儿早已凋零，变成了那青墨色的、小小的柿子，躲在枝叶间偷偷地望你。你要轻轻地拨开绿叶，才能瞧见那小小的身影。

慢慢地，慢慢地，那深绿色的柿子变得越来越大，越来越肥美，青里透黄，逐渐地，黄里透着红，煞是好看！再等上些时日，柿子会变成橘黄色。如果在这个时候，奈何不了肚子里的馋虫，小心翼翼地爬上树，偷偷地扯下一个金灿灿的大柿子，狠狠地咬上一大口，那么你原本认为满是香甜的柿子必然会涩得你有一种要连同舌头一起吐掉的冲动。

大约到了十月份，柿子会变得红彤彤的，像是一个酒饮过了头的人的脸一般。它的柄开始干枯了，熟透了的柿子摇摇欲坠。这时，我就会拿来一根细竹竿儿，在枝干上猛敲几下，柿子就会像雨点一般落了下来。而树下的人们早已扯着一大块干净的布在静候了。见柿子落下，便会扯着布头歪扭着身子忙不迭地接柿子去，像极了马戏团里的小丑。

敲下来的柿子，别看个个都是又大又沉又红的，但有的还没有完全熟透，还要摆放些时日才能吃，而那些被敲下时涨红了脸的柿子早已被我们一群孩子分割。这时，大人们总是向我们"索取"战利品，我们不给，便追着我们绕着柿子树跑。树下便久久地萦绕着银铃般的欢声笑语。

……哦，那秋天里的柿子树，那美好的生活！

159

风的声音

刘洁颖

每个人的记忆里都有无数种声音，有的悲伤，有的欢乐，这些声音都令人记忆深刻。而在我的记忆里，最美的声音莫过于大自然里风的声音。

风，也是有声音的。

你听——她的声音，微弱的就像你的呼吸声。

这是春天的风。她轻轻的，柔柔的，像一位慈母抚摸着你的脸。她是温和的，温和到让你直犯困，让你顿时感觉世界都是温暖的，她那微弱的呼吸声在人们的心头荡漾。

你听——"沙沙"。

这是夏天的风。每逢夏天，窗户是不能关的，而夏风如精灵一般溜了进来，带来无限清凉。夜晚，寂静的四周，听不到一点儿声音。但是，"沙沙""沙沙"，她来了！一听到这声音，就知道这飘逸的精灵又来了。安静时，任凭你怎样期盼，她都纹丝不动，而调皮起来，却让缕缕清风拂在你的身上，满身是汗水的人们因此冻得瑟瑟发抖。我想象着她，一个顽皮的孩子，活泼而又永远充满着童心。

夏天的风，是"沙沙"的，是新翻的泥土的气息，是满载着知了的声音。

越往后，风突然变脸了，她捶打着落叶，漫天飞舞，携来的尘土让人无法睁眼。闭上眼，我听到她在哭泣，呜呜地掠过，身后的狂风在卷着黄沙。我想象着她的无助，想象着她的遭遇。

冬天的她，越发悲伤，无情地敲打着玻璃。我走在路上，当风吹过我的脸庞，宛如刀割一般。

冬天的风是装满玻璃的颤抖的声音，她发泄着，咆哮着……

当她掠过第一抹春天后，扶起了小草，为树做衣裳，好像多情女子的巧手。她不再哭泣，不再咆哮，不带有一丝呜呜和颤抖的玻璃声。她站起来，以一个新面孔面对我们，她微笑着，以至于让人觉得冬天的世界里她从未来过，她仍是春的慈母，夏的精灵、秋的使者……

聆听过我心中最美的大自然的声音，你也许会发现，你从未注意的微妙的声音。其实每件东西都有属于自己的声音——就像每个人都有心中最美的声音，匆忙之际，别忘了聆听那来自内心的呼唤，那最美的声音。

就如风的声音，那是我心里最美的声音。

糍　粑

陈子珺

我的老家在湖南，每逢热闹的春节，大街小巷鞭炮声不绝于耳。而在那时，家家户户最常吃的便是糍粑。

糍粑，顾名思义是用糯米做的。在前一天的晚上就用水把糯米浸泡，第二天一大早，便把泡涨了的糯米捞出来倒入锅中蒸着。大约蒸个一个半小时，人们就把糯米倒入一个大木桶中，由两个人来轮流用一个长长的大木槌不断捶打，直到糯米变得黏在一起，有韧劲儿了为止。把一大团糯米再揉成一个个手掌大的糍粑，经过几天的风干，保存起来慢慢吃。

说到吃，我们就不得不谈谈怎样吃糍粑。有三种吃法，我先来说说第一种：刚打出来的糍粑很有嚼头，刚做出来的味道不太浓。小孩子们喜欢把一整片糍粑撕成一小块一小块的，然后端一小碟白糖，把小块沾上一圈白糖，一口塞进去。先入口时感觉软软的，甜丝丝的，有点像驴打滚。可慢慢嚼起来，黏黏的又有韧劲儿，有点像麦芽糖。正因为如此，小孩才对这种吃法情有独钟。

小孩子喜欢甜的，大人们则不一样。他们把糍粑中间轻轻涂上一层乳豆腐，加上一些小菜，喜欢吃辣的还可以抹上辣油。把糍粑卷起来，一口下去，小菜与乳豆腐的香味、咸味，还有糯米的米香一起涌了上来，这种味蕾的冲击让人赞不绝口。

最后一种，是在风干后的吃法。把干扁扁的糍粑洗干净，淋上一勺油，在火坑中生起火，架上井字形的钢架，把糍粑轻轻放上去。只见面前的糍粑由米白色渐渐变成黄色，并不停地把糍粑翻个面。糍粑一点一点地膨胀起来，像舞台上的小丑一样，圆圆的、胖胖的。端出一个盘子将糍粑一个个夹起来，并在它的侧面开一个小口子。开了口子后，往里面放一些自己家腌制的腊肉和香肠，往里面抹上辣油或乳豆腐。一口咬下去，油就"嗞——"的一声流了出来，吃的时候不能太快，会烫到舌头。烤出来的糍粑外皮是脆脆的，里头是软的，加上红红的辣油与腊肉和香肠，咸辣适中，酥酥脆脆，油而不腻。从外看，里头的馅若隐若现，让人食欲大增，吃完后更令人回味无穷。

这就是我家乡的美味——糍粑。

想　念

邹周玉贤

"远亲不如近邻"是我小时候经常听到的话。小时候，串门是我最乐意、最开心的事。那时候，每天我家楼下的人来来往往，小孩子们在小区里玩各种各样的游戏，大人们则在一旁聊着家常。总有热心的家长将洗好的新鲜水果拿给孩子们，一边笑一边看着我们小孩子狼吞虎咽。

自从住进了新小区，邻里之间的情谊大多都淡忘了，只有一个和妈妈玩得很好的阿姨还和我们家有联系。一个周末，我和妈妈去拜访那个阿姨。回到老小区，看到一幢幢楼的白墙已经泛黄了，很多地方的漆也已经脱落了。我四处张望着，心中泛着莫名的激动。

"邻居阿婆"，一个声音从我身后传来，"今天来我家吃晚饭吧！"我有些好奇，便竖起耳朵，仔细听着他们的谈话。"这怎么好意思呢！"这是一个老人的声音。"客气什么！我不在家时你不也帮我带孙子吗？今天你儿子不回来，到我家吃个饭，聊聊天，多好！"老人犹豫了一会儿，还是答应了。

我没有看到两人说话的神态，但这几句简单的对白，却让我有种久违的感动。

还没走到阿姨家，我的到来竟然就引起了大动静。

"这是谁家的小孩，长这么大了！"一个老婆婆把我从头到尾打量了一遍。她刚说完这句话，我又感觉有许多目光射向我。不及我自报家门，就有人认出我来了。"哦，你不就是×××家的那个小孩吗？真是女大十八变，以前我看见你还是个小娃娃呢。""对对对，你看她那眼睛，和她爸爸多像哟！"我听着以前的邻居在议论我，有些害羞，原来他们还记得我呢！妈妈说："以前我总抱着你在小区里转，你那时候可是小区的'名人'呢！"

原来，时间并没有阻隔我们之间的距离，再次见到那些老邻居，我的心中涌起一股暖流，那一颗颗真切关怀的心，让我再次感受到了邻里之情。

在阿姨家，她更是热情地欢迎我们。"你小时候我还抱过你呢，不记得了？"阿姨又和我们聊起往事。

临行前，我们和老邻居一一告别，几个热心的邻居硬要留我们吃饭，我们推托了几次，他们才放我们走。

到家了，我一直在想，现在的生活越来越快，人们都用手机交流，而不是心灵，人们不再关心邻居，冷漠逐渐成为习惯。"远亲不如近邻"也将要成为历史。

社会在进步，邻里之情却在倒退，我想念那些热情的老邻居，那种久违的温暖……

最美的声音

李 杰

"怎么又回去啊。"我在心底抱怨道。本以为放假可以在家休息了，去电影院看看电影，在咖啡馆品品咖啡，可我突然得知——这个周末要回老家！计划就这样泡汤了，我的心里十分郁闷。

在老家好不容易挨了一天，到了晚上，我终于躺在了床上，可却怎么也睡不着。突然间，我听到了一个奇妙的声音，像是蛙鸣！我十分好奇，想细听，于是我来到了阳台，打开了窗户，仔细聆听这大自然的声音。

在农村，初夏的夜仍有些凉意。月亮柔和的光洒向大地，使夜晚的一切都是那样的静谧美好，小麦与菜花已然没有了白日里的耀眼神气，此时此刻，它们显得是那样的沉静，有如一个孩童，玩了一天后，累了，睡了。忽然间，一丝微风拂过我的面庞，使我感到前所未有的心旷神怡，现在我很少能感受到如此纯洁的风，它令我的心十分陶醉，令我不禁闭目仰头去感受这来自大自然的馈赠。当我再次睁开双眼，我惊奇地发现，北斗七星竟高悬头顶！在一起，我只是听说过它，在城市，我也曾仰望夜空，极力去寻找书上所描绘的那些美丽星座，可迎来的却只是漆黑一片。但今夜，我终于与它们相见，看见它们在闪闪发光，仿佛在朝我眨眼，我的心仿佛也在跟着跃动。此情此景，令我满心欢喜，我完全忘记了白天的抱怨，而我的耳畔仍萦绕着那蛙鸣：时而低沉，时而高亢，时而独奏，时而群响……我明白，它们歌颂的或许就是这乡村，宁静的田野、轻柔的晚风、天空的星座……

此时，我感觉自己已经深深迷恋上了这片土地，城市固然繁荣，固然发达，可是它能拥有这一份宁静吗？能拥有这纯洁的晚风吗？能拥有这美丽的浪漫星空吗？不，当然不能，它有的只是喧嚣。待它繁华落尽，剩下的就只有无边的落寞与孤寂。哪还有这最美的声音？

蛙鸣，它是世界上最美的声音，它歌颂着宁静原野，歌颂着浪漫星空，歌颂着纯洁晚风，歌颂着静谧无暇……

166